现代田径运动
技术与训练

张树峰 著

化学工业出版社

·北京·

图书在版编目（CIP）数据

现代田径运动技术与训练 / 张树峰著 . — 北京：化
学工业出版社，2018.10（2025.8重印）
ISBN 978-7-122-32919-6

Ⅰ.①现… Ⅱ.①张… Ⅲ.①田径运动 - 运动训练
Ⅳ.①G820.2

中国版本图书馆CIP数据核字（2018）第199715号

责任编辑：刘亚军　张　赛　　　　　　装帧设计：张　辉
责任校对：王素芹

出版发行：化学工业出版社（北京市东城区青年湖南街13号　邮政编码100011）
印　　装：河北延风印务有限公司
880mm×1230mm　1/32　印张6¾　字数203千字
2025年8月北京第1版第13次印刷

购书咨询：010-64518888　　售后服务：010-64518899
网　　址：http://www.cip.com.cn
凡购买本书，如有缺损质量问题，本社销售中心负责调换。

定　　价：29.00元　　　　　　　　　　版权所有　违者必究

前言

FOREWORD

　　田径（Athletics），也称田径运动，现代田径运动多数将其分为径赛、田赛和全能三大类，或分为竞走、跑、跳跃、投掷和全能五大类。

　　"田"是指广阔的空地，在跑道所围绕的中央或临近的场地上举行的跳跃、投掷，统称为田赛，田赛是以高度、远度和所投器械的远度的项目。"径"是指跑道，在跑道上举行的竞走和各类形式的赛跑都属于径赛，是以时间计算成绩的竞走和跑的项目。简单来说，田赛用距离来衡量，径赛用时间来衡量。田径运动还包括全能运动，它是由跑、跳、跃、投掷的部分项目组成的，比如"十项全能"。

　　本书较全面地讲述田径运动训练中应掌握的各种训练要素、计划制定、心理调控等科学控制的理论知识，详细介绍了田径运动的竞走、跑、跳、投掷类运动项目的基本技术，除了介绍各项目的技术动作外，还特别对各项目的训练要点以及部分项目的易犯错误进行解析。这样更便于运动健身者有一个正确的认识，从而很好地提高自身的运动能力和运动素质。

　　本书具有较强的科学性和广泛的实用性，不仅适用于普通的运动健身者参考，还适用于各体育院校的田径教学与训练工作，也可作为专业和业余的教练员与运动员的参考用书。

　　由于作者水平有限，加之本书内容涉及广泛，在编写过程中难免出现不尽完善之处，恳请同行及读者批评指正，使本书不断提高和日臻完善。

著者

2018年5月

目 录

CONTENTS

第一章
概述

第一节　田径运动概念及特点

一、何为田径运动

田径运动是体育活动的主要项目之一，是人类从走、跑、跳、投这些自然运动发展而来的身体练习和竞技项目，可以分为竞走、跑、跳跃、投掷以及由跑、跳跃、投掷的部分项目组成的全能运动。其中以时间计算成绩的竞走和跑的项目称为"径赛"；以高度和远度计算成绩的跳跃、投掷项目称为"田赛"；由跑、跳、投部分项目组成的、用评分方法计算成绩的组合项目称为全能运动。

　　田径运动这个词译自英文"track and field"。"track"的意思是"小径"，"field"的意思为"田地"，合称为田径运动。

　　国际业余田径联合会章程第一条将田径运动定义为：由田赛和径赛、公路赛、竞走和越野赛组成的运动项目。

　　我国教育部2003年印发的《全国普通高等学校体育教育本科专业课程方案》将田径类教材在原有《田径》教材的基础上增设了户外运动、定向越野、野外生活生存等课程，扩大了田径教材所涉及的范围，有利于各学校根据自身实际情况选用。

二、田径运动的特点

1.健身特点

　　田径运动是健身价值较高的运动项目，经常、系统地参加田径运动锻炼，能提高人体走、跑、跳、投等基本运动技能的水平，促进青少年健康地生长发育和各器官、系统机能的发展，全面发展速度、力量、耐力、灵敏、柔韧等身体素质。由于田径运动锻炼主要是在户外进行，人体更多地接受日光、风雨等自然环境的陶冶，从而提高了人体对外界环境变化的适应能力。在当今城市规模急速扩大，计算机已进入办公室和千家万户的时代，人们走到户外，享受阳光和新鲜空气，在自然条件下进行田径锻炼就更有意义，特别是越野跑、远足、健身走、登山等已经成为人们的主要健身手段。由此可见，田径运动是人们增进健康，增强体质、延年益寿的重要手段，它不仅是我国《国家体育锻炼标准》的主要内容，也是国内外各类基础教育学校体育课程教材的主要内容。

2. 竞技性特点

竞技体育是社会文化不可缺少的组成部分，每年在国际和国内举行的田径运动竞赛很多，除原有的世界田径锦标赛、世界杯赛，又增加了大奖赛和黄金联赛等多种比赛。田径运动竞赛是竞技运动中公平竞争的典范，运动员创造的拼搏精神和运动美是激励人们欣赏体育运动的主要原因。另外，如刘易斯、博尔特、刘翔等著名的田径运动员所产生的明星效应，对提高田径运动的商业价值、激活田径竞赛市场、促进田径竞技运动按产业化方式运作，具有积极的推动作用。

3. 教育特点

在田径运动项目教学、训练和竞赛中，参加者既可以在技术学习中提高心智，又要承受一定的生理、心理负荷，还必须遵守一定要求和规则，这样有利于良好的思维、心理品质的养成。例如，跳远项目有利于培养坚决果断的品质，短距离跑有利于培养一往无前的拼搏精神，跳高有利于培养坚毅与顽强的性格，长距离跑有利于培养毅力与吃苦耐劳的品格，投掷项目有利于培养勇气和信心，接力跑项目有利于培养集体配合、协同作战的品质等。因此，田径运动已成为进行思想教育与心理训练的一种有力手段。通过田径运动，能对学生和运动员进行爱国主义、集体主义等方面的教育，并能培养竞争意识、勇敢顽强和吃苦耐劳等优秀品质。

4.娱乐特点

参加田径运动可以愉悦身心。在学校体育课中各种以田径运动为主的游戏和比赛中，学生自娱自乐，参加者自身技术的改进、运动水平的提高都会给本人以很大的心理满足，使身心都得到健康发展。现在田径运动赛会可以通过电视等多种媒体传播，观看田径比赛可以起到消遣娱乐和振奋精神的作用；观看著名田径运动员的比赛，也成为人们追求的一种精神享受。

5.回归自然特点

在现代社会中，城市人口越来越多，环境污染越来越重，人们渴望回归自然，走、跑、跳、投是人类在与自然环境斗争中产生的技能，也是人类与自然环境做斗争的重要手段。田径运动能力的提高可以提高人们在自然环境中的生存能力。因此，利用自然、贴近自然、回归自然，在自然环境中积极开展田径运动对提高学生生存能力和基本体能都具有良好的作用。中国农村人口众多，广大农村地区更有利于在自然环境中开展田径运动，那里的教师可以根据本地区的环境条件创造开发多种田径运动练习方法，开发更广阔的田径运动资源，为增进广大农村劳动人民子女的健康拓宽路径。

三、田径运动的重要意义

1.田径运动能有效地发展人体速度、力量、耐力等身体素质

第一，长时间竞走或慢跑，全身的肌肉都能参加工作，可

加速物质代谢，增强心血管、呼吸和其他系统的活动能力，协调有机体各器官和系统的机能，能有效地发展耐力和培养坚持不懈的意志。中速跑、快速跑时，要求进一步提高机体各系统器官的适应能力，身体全部肌肉群都参加运动，心血管、呼吸与其他系统活动也随着跑速的加快而更强烈，物质代谢速度也更快，能有效地发展速度、速度耐力、力量等素质，也能使顽强拼搏的精神跨入一个更高的阶段，得到锻炼和提高。

第二，跳跃项目是人体在短时间内，通过高强度神经与肌肉协调用力、克服障碍的一类运动项目。诸如克服地心引力、身体重量、自身运动中的各种生理性和病理性的不协调不适应，以及克服运动环境、器械、心理、情绪等阻力。因此，跳跃练习能提高控制身体和集中用力的能力，能有效地发展弹跳力、力量、速度、灵敏协调性，培养坚毅果敢的品质。

第三，投掷项目是人体将专门器械推远或掷远的一类运动项目，经常练习能有效地发展臂部、肩带、躯干和腿部等肌肉力量。

2.田径运动是一切生存活动的基础

"田径运动是一切生存活动的基础"表现在以下方面：田径运动是健康体魄的基础；田径运动是人体生活和生产技能的基础；田径运动是各项运动提高运动成绩的基础；田径运动是战士提高战斗力的基础。田径运动的实质是促进人们重视提高身体素质，增强体能。

运动实践表明，我国田径运动开展较好、成绩较好的地区，往往其体育运动开展得也较好。美国是世界上的田径大国、强国，也是体育大国、强国。俄罗斯也可如此称谓。牙

买加国小、人少，却是田径强国，也有成为体育强国的基础。我
国领土大，人口多，要成为体育强国，尚需进一步重视与积极开
展学校体育教育工作，特别是要高度重视与积极开展田径运动。

3.田径是体育运动之母

"田径是体育运动之母"意味着很多体育项目如果没有通
过田径运动的跑、跳、投项目锻炼出来的良好身体素质，就难
以发展和提高。

4.得田径者得天下

"得田径者得天下"之意是指：田径运动在全国普及与提
高，体育教育事业发展得好，全国人民身体素质普遍提高，体
质增强，意志坚强，可以把伟大祖国建设得更好；田径运动在
部队操练中运用得好，战士们身体素质水平高，体魄强健，意
志坚定，战无不胜，可以更好地保卫伟大的祖国。我国的运动
员在各类大赛上取得优异成绩，就为获得综合赛事的全面胜利
奠定了良好的基础。

第二节　田径运动技术基础理论

一、田径运动技术原理

田径运动技术原理是对田径运动技术及发展规律的一般性

概括与论述，是学科理论的基础。丰富、完善与发展田径运动技术原理对田径学科建设，促进田径运动向前发展具有重要意义。

每一种理论学说，都表现为一定的体系，并以体系的方式存在。体系是内容以范畴的形式的逻辑展现，这是理论的形式方面；另一方面，相对完善的学科内容（尤其是学科基础理论）必须寓于相应的形式之中，且具有严密的逻辑结构。因此，这里指的体系包含两个方面，一是构成完整理论各要素间的内在逻辑联系，二是指理论的存在形式。基于这样的认识可以知道，田径运动技术原理目前尚未形成完备的理论体系。

从总体上看，完善田径技术原理有三个方面的内容：一是明确田径运动技术原理的研究对象；二是确定技术原理的基本内容；三是确定这些基本内容的构成方式。

（一）田径运动技术原理的研究对象

田径运动技术原理的研究对象，是构建和完善其理论体系的逻辑起点。从一般意义上讲，运动技术原理的研究对象就是田径运动技术的内在组成要素及结构方式，对于作为逻辑起点的田径运动技术，认识有待深化，不能仅仅停留在认为田径运动技术是指人们合理地利用自己的运动能力创造田径运动各项目成绩的方法上，应该更全面、更深刻地理解田径运动技术含义。

1.田径运动技术的内在规定性

明确田径运动技术的内在规定性是指在什么范围内考量田径运动技术。首先，从主客体关系看，当前的认识只注重了

运动技术的主体性，其实运动技术的构成应包括主体和客体两个方面，在多数情况下，运动技术的主体是受客体的支配与制约的。这里的客体指场地、器材、设备等要素，也指竞赛规则、竞赛环境这样被客体化了的客观存在，而更主要的是指运动力学这样的物质运动的客观规律。后者已成为运动技术原理的主要内容，前两者也应作为影响田径运动技术的客体要素而被纳入研究范围，从而成为田径运动技术原理的组成部分。其次，由于田径运动技术的成绩评定与作为技术方法的表现形式无关，因此，田径运动成绩是对通过一定动作方法所表现出来的身体运动能力的客观测量。身体素质既是运动成绩的内容，也是运动技术的基础。因此，运动技术原理应该揭示身体素质与运动技术的内在关系，对这种内容与形式关系的把握应成为田径运动技术原理的主要内容之一。当前的田径运动技术原理虽有这方面的内容，但论述不全面。对径赛项目成绩的决定因素，只涉及步长、步频的层次，而对影响步长、步频的诸多因素缺乏系统而深刻的研究。对田赛项目成绩的决定因素，也限于对几个力学参数的论述，没有突出身体素质对运动技术的影响与制约作用。

2.田径运动技术的周延性

所谓田径运动技术的周延性，是指田径运动技术的多种表现形式。田径运动技术原理的内在规定性强调的是田径运动的物质属性。运动技术不是物质本身，而是物质运动的方式、方法。而物质运动的方式、方法在符合一定原理、条件下呈多样性。这种统一于一定的方式、方法基础之上的多样性就是田径运动技术的周延性。

　　同一项目的田径运动技术一般都有相同的技术结构，且服从一般的理论原则，但相同的技术在不同的载体（身体）上，用以表达技术的各种参数是有差异的。这种技术参数的非一致性就是我们通常所说的技术类型和个体技术特征，是运动技术周延性的具体内容。技术类型与个体技术特征是由身体素质结构特点与身体形态结构特点所决定的。如在田径的跳跃项目中，跳高有幅度型和速度型之分；跳远与三级跳远有高跳型与平跳型之分；投掷项目中的掷铁饼有支撑投与跳投之分；掷标枪的投掷步有跑步式投掷步与跳跃式投掷步之分；径赛项目中的中长距离跑有小步幅、高步频与适中步长之分。短距离跑目前虽然没有划分技术类型的提法，但在主要技术环节的技术参数上存在明显的个体差异。如百米跑的前蹬距离，中外优秀运动员分别为27厘米和43厘米，这种差异已引起有关研究者的关注，提出了提高步长是增大支撑位移还是增大腾空位移的问题，并对技术原理中关于"着地点应尽量靠近身体重心投影点"的提法产生了质疑。技术原理虽然是一种普适性理论，却不能回避现实中普遍存在的技术类型的划分和个人技术特点差异，应对此做出合理的解释。

　　3. 田径运动技术的本质

　　对于技术原理研究对象的田径运动技术，在概念的定义上，如仅仅从动作方法上来解释和把握，并不是对技术概念最本质的抽象，这种概念并未指明作为技术实在内容的身体素质与动作方法之间的内在联系。这样定义的技术概念由于蕴含

的信息量太低，因而难以成为技术原理的逻辑起点。技术的本质体现于构成技术的各要素的联系之中，关于运动技术的最本质的抽象就是动作方式、方法的目的性。前者是手段，后者是特定的运动效果。运动技术就是一个"手段-目的"系统，这样理解田径运动技术的本质为我们构建原理体系确定了一条主线，即以构成运动技术的基本单位——动作（手段）分析为起点，以运动效果（目的）的综合分析为终点。围绕这条主线，按一定的逻辑结构对运动技术的内在规定性和周延性进行展开式论述。

（二）田径运动技术原理的基本内容

技术原理是技术理论的经典部分，对技术原理的研究对象及其所蕴含的理论要素作了一般性考察之后，并不意味着技术原理的基本内容已经确定，而是要按照一定标准，把基本原理和非基本原理加以鉴别，从运动实践和学科发展的需要来看，确定技术原理的基本内容除了应充分考虑逻辑起点所蕴含的理论要素外，还应遵循实践的标准和学科课程的标准。

1.确定技术原理基本内容的实践标准

所谓实践标准，是指理论是否反映了田径运动技术的本质，是否对技术实践具有普遍指导意义，即理论的普适性问题。作为基础理论的技术原理，应该具有两个特征。一是理论的统一性，即理论可以解释同一实践领域的各种表现上的不相同现象，理论与丰富的实践活动达到统一，如田径运动技术原理中关于"蹬、摆"技术的论述与分析，适用于跑、跳、投等各种运动形式不同的项目，即"蹬摆理论"反映了田径运动技术的本质。二是理论的一致性，即理论与观察事实的无矛盾性。田径运动技术原理是在大量经验材料积累的基础上，借用其他学科的知识建立起来的。这个理论中的相关推导性结论必须与观察事实相一致。比如，在对跳跃和投掷项目进行力学分析时，把人体或器械的运动看成是抛射运动，确切地说，是一种模型化了的抛射运动，由于研究对象过于复杂，必须对其进行简化，因此人体或器械的运动仅作为按一定的抛射角以某一初速度作惯性运动和按重力做垂直的匀加速运动。以力学理论来解释人体运动除了初始条件不同之外，还必须考虑到人体在运动中不是单纯的受力体，人体运动是内力和外力互相作用的结果，虽然服从一般的力学规律，但有自身的特点。实践中跳跃的腾起角与投掷项目的出手角和理论值就相去甚远。或者说相关理论与观察事实不一致，这就需对理论的适用条件加以解释与说明，我们通常把这种解释与说明称为理论的还原，只有通过这种还原，才能使理论获得普适性价值，才能成为技术原理的内容。

2.确定技术原理基本内容的学科课程标准

所谓学科课程标准，是指按照技术原理本身的特点和理论性质，根据学科课程的性质与功能对技术原理的内容构成进行取舍。技术原理就是要为运动员打下扎实的技术理论基础，这一要求决定了技术原理的内容有两个基本特点：一是内容的一般性，二是范围的限定性。

技术原理内容的一般性，首先意味着关于田径运动技术的

最高规定性，这种最高规定性体现在技术的形式结构和技术基础两个方面，因而，动作要素分析与动作机制分析是技术原理的基本内容。其次，内容的一般性还意味着所论述问题的高层次规定性。高层次规定性决定了技术原理的普适性，因而对技术实践具有普遍的指导意义。

范围的限定性与我们确定的技术原理的研究对象有密切关系。从学科课程标准来看，确定技术原理的基本内容时，应避免范围的过窄和过宽两种倾向。

根据上述两个标准，田径运动技术原理的基本内容主要应包括：技术结构分析，"结构-功能"机制分析，技术价值分析，运动成绩分析，技术载体的形态、结构、功能与动作方式、方法的关系分析，技术形式与技术内容关系分析。

（三）田径运动技术原理的逻辑构成

田径运动技术原理属实证性理论，即运用自然科学的认识成果，对实践中已存在的技术动作进行解释性描述，因而技术原理的逻辑结构是一种解释性结构。这里，解释是指从一般规律演绎出某一现象，或从某一类似的现象中归纳出一般规律。由此看来，两种解释就构成了技术原理的逻辑顺序。换言之，从方法论角度看，技术原理是一个演绎、归纳系统。这个认识与前面确定的构建技术原理体系的主线是相吻合的。根据技术原理的研究对象和基本内容，田径运动技术原理可划分为四个层次。

第一层次为叙事论，是对已存在的运动技术进行经验描述，即事实性陈述。这是构成技术原理的基础，具体包括技术的基本构件-运动动作分析、田径运动技术的一般结构分析、田径运动技术的特点与分类等内容。

第二个层次为因果论，是运用相关学科的理论知识从结构-功能的角度分析动作机制，揭示技术构成要素间的内在联系。因果论是田径运动技术原理的核心内容，但在理论体系中并不直接表现为最终认识成果，因果论只有经过理论还原才能运用于实践，但因果论显然具有基础的性质，是依据理论来进行技术价值判断和最终形成应用性理论的基础。因果论主要包括田径运动技术的理论基础；影响运动成绩的因素（主观因素：人体形态、结构、机能、运动素质；客观因素：场地、器材、设备、竞赛规则、竞赛环境）等内容。

第三层次为价值论，相当于技术原理中技术评定这一部分内容。如果说因果论是关于运动技术的合理性的论述，价值论则是关于运动技术的经济性与实效性的论述。价值论是对因果论的进一步深化与发展。

第四层次为应用论，是连接理论与实践的桥梁。应用论是一种还原性理论，因果论的形成与建立是以对技术构成要素的简化为代价的，而理论应用于实践时，必须把舍弃掉的种种因素重新考虑进去，以形成更高层次且符合实际情况的还原性理论。因此，在技术原理这一逻辑体系中，应用论是作为关于研究对象的最终认识成果而存在的。

从以上四个层面来构建田径运动技术原理的理论体系是基本可行的，前提是技术原理的知识积累必须达到一定数量，学科内容发展到一定程度。即使是这样的前提条件未完全成熟，

构建一个相对稳定的体系结构也是必要和可能的，因为理论体系的确立本身就是学科走向成熟的一个标志。

二、田径运动技术的共性

（一）加速节奏

多年来，专家们都认为田径运动是为了获得最大加速度的运动，其最终目的是使人或器械获得最大离地或出手初速度。力量是获得加速度的基础，较大的腿部力量能使人或器械获较大离地或出手初速度。腿部力量是从事田径运动的基础，田径运动成绩很大程度上取决于腿部力量，只是具体项目不同所侧重的力量素质也不同。身高、腿长、臂长也与获得最大加速度有关。重心高、腿长、臂长有利于提高人或器械重心的高度，也有利于发挥人体速度杠杆的作用，这亦是田径运动员选材的依据之一。

1.田径运动的加速节奏

田径运动技术在关键部分都表现出加速节奏。如走跑的后蹬离地动作，跳跃的起跳离地和投掷器械的出手过程都显示加速节奏，其目的都是为人或器械获得最大离地或出手初速度，在离地或出手的刹那，作用力和加速度趋向于零而初速度增至最大。

2.连续动作的加速节奏

短跑和跨栏起跑后的加速跑，跳跃和投掷的最后助跑都应尽量保持加速节奏，在教学训练中常常会要求助跑的加速节奏。认识加速节奏对于田径运动技术教学、训练具有积极的意义。

（二）发力顺序

走、跑、跳、投获最大初速度的关键是快速有序协调肌肉发力，使人与器械在用力过程中不断加速。人体各关节的肌肉看起来似乎是同时用力，但其中大关节总是首先产生活动，并按关节的大小表现出一定的先后顺序，运动生物力学把大关节首先产生活动称为"顺序性原理"。髋关节是位于身体重心附近的最大关节，是上体与下肢的联结处，髋关节周围的肌肉大而有力，但收缩速度相对较慢。在走、跑、跳、投等项目中，从髋关节开始发力能推动重心向前上方运动，然后膝、踝关节依次加速用力，最后加上趾关节的末节用力，使人体快速蹬离地面。走、跑、跳项目下肢的发力顺序完全符合运动生物力学从大肌肉、大力量、慢速度开始发力，直至小肌肉、小力量、快速度结束用力的顺序。投掷项目的最后用力同样是从髋部的蹬转开始发力，向下蹬腿表现为膝、踝关节的蹬撑，使腿部处于蹬而不直、含而不放的蓄力待发状态。当左腿完成支撑腿阶段，躯干完成转腰转体和挺胸形成"满弓"时，人体就完成了把肌肉突然拉长与扭紧的自下而上的蓄力过程。"满弓"是投掷项目最后用力特有的共同规律，是最佳的发力时机。"满弓"之后紧接左右腿的快速蹬伸，完成身体以髋部带动腰胸，以腰胸带动手臂，以肩、肘、腕的顺序加速用力，直至掌指关节，手指关节的末节用力，使器械出手时获得最大的初速度。末节用力的方向决定了器械自转的方向。最后用力是投掷项目技术的关键，而用力顺序是最后用力关键中的关键，也是走、跑项目的蹬地技术和跳跃项目起跳技术中关键的关键。这就决定了从髋部开始的发力顺序是田径运动走、跑、跳、投项目技术教学训练中的重点之所在。

目前，某些体育参考书中关于推铅球技术要领的描述是不正确的，如认为最后用力是从蹬腿开始的，这就违反了顺序性原理，造成了"把腿蹬直了再送转髋"的错误动作。

（三）蹬摆配合与蹬撑配合

1.支撑腿与摆动腿之间的协调配合

研究资料证明，短跑的后蹬，起跳腿的蹬伸所产生的支撑反作用力是跑跳的主要动力，摆动腿的作用不仅是维持平衡，更重要的是其摆动动量带动了身体重心向前上方的运动，从而增强了跑跳的用力效果。摆动腿前摆的同时异侧臂也随之前摆，这是人类先天具有的最基本的协调动作。田径运动利用和发挥了摆臂的功能，摆臂既能促使人体在走、跑、跳中获得动态平衡，又能增强蹬地效果。摆臂在非助跑项目中也有重要作用，如摆臂和不摆臂的立定跳远成绩相差约20%。

2.蹬撑配合

无论采用直线还是滑步旋转等不同的预加速形式，到最后用力时都必须经过蹬撑配合的双腿支撑阶段，如推铅球最后用力时.右腿的蹬转和左腿的支撑用力就是典型的蹬撑配合。

（四）支撑－退让－蹬伸

蹬地动作产生的反作用力是促使人体或器械向前运动的动力。走、跑、跳、投中的蹬地动作都经历了支撑-退让-蹬伸三个阶段。蹬地腿着地支撑的位置一般在重心之前，故着地支撑时产生的是阻力。虽然脚着地的位置在各项目中有所不同，但都要求脚着地积极快速地过渡到蹬伸，由于脚着地时人体所具有的动量，使着地时腿部伸肌被动拉长，表现为肌肉的离心收缩，称为退让工作，在一些教材中称为"缓冲"。退让能使身体重心更快地过渡到支撑腿，使蹬地动作有更多的力量通过身体重心。退让使伸肌在收缩之前被动拉长，使肌肉储备更多的弹性能，突然的退让更能增加肌肉的蹬伸力量。过去，田径专家曾用"跪撑"形象地说明了在支撑退让阶段的技术要求。在髋蹬送的前提下，膝关节蹬撑前跪，膝踝关节的伸肌被动拉长，可加强蹬伸用力的效果。研究结果表明，退让时力的峰值都大于蹬伸阶段力的峰值，如跳远起跳时，退让的冲量占起跳总冲量的87%。

力量训练的理论也证明，只进行蹬伸（克制）力量训练不能提高退让力量水平，同理，只进行退让力量训练也不能提高蹬伸（克制）力量水平。训练实践证明，由于不理解或不重视退让力量的训练，使运动员不具备与蹬伸力量相适应的退让力量，从而促使或加重了一些优秀运动员的膝、踝关节伤，并因此过早结束运动生涯。跑、跳、投等项目运动员都应重视对退让力量的认识，加强对退让力量的训练，使退让与蹬伸力量都得到均衡发展，这对提高田径运动成绩是非常必要的。

（五）动量矩守恒和空中补偿原理

跑的腾空阶段、跨栏的腾空过栏、跳跃的腾空和投掷器械的空中运行，都必须遵循惯性定律、自由落体定律与动量矩守恒原理。

人体腾空时的总重心为抛物线轨迹。腾空的高度与远度都在人体离地腾空刹那就决定了，人体运用内力所完成的空中动作都不能改变总重心的抛物线轨迹，即所有空中动作都只能利用腾空的高度与远度，而不能改变腾空的高度与远度。

（1）人体和器械在空中所具有的总动量矩（包括人体额、矢、纵三轴转动的动量矩）都必须在人体蹬离地面和器械离手刹那获得，人体腾空和器械离手后都保持从地面获得的动量矩的守恒，任何空中动作都只能利用动量矩，而不能创造动量矩。

（2）相向补偿和旋转补偿是动量矩守恒原理在田径运动人体腾空中的具体应用。

① 相向补偿。在跑、跨栏、跳跃等项目的腾空状态，人体某部分肢体以一定大小的动量矩绕转轴的某一方向转动时，另一部分肢体便以大小相等的动量矩绕同一转轴向相反方向转动，这种现象称为"相向运动"，田径术语称为"相向补偿"。相向补偿的力学条件就是动量矩的矢量和等于零，如跨栏的攻栏动作、挺身式跳远中的挺身动作、背越式跳高中的背拱动作等都体现和运用了相向补偿。

② 旋转补偿。人体在空中减小或增大身体的转动惯量从

而达到改变旋转角速度的现象，田径术语称为旋转补偿。动量矩守恒是指转动惯量与角速度的积守恒。腾空状态中某些要求角速度变化的动作可以通过改变转动惯量来实现，而转动惯量的改变是通过肌肉力量使身体的某些部分靠近转轴或远离转轴，即改变转动半径，从而使身体的转动惯量减小或增大。如走步式跳远为克服起跳时同时获得向前转动的动量矩，在空中采用了"走步"动作，向后摆的腿是伸直的，向前摆的腿是弯曲的。走步过程中两腿的转动惯量大小不等，向后的大于向前的，从而减缓了双腿围绕着总重心额状轴向后转动的角速度。同时在走步时向前摆臂是直的，向后摆臂是曲的，使双臂增大了向前的转动半径和转动惯量，达到了减慢上体向前的转动角速度。由于双腿与双臂的协调配合，同时减慢了上体向前和双腿向后的转动角速度，克服了空中上体向前的转动，保持了空中的平衡。在有些田径运动技术中，"相向补偿"和"旋转补偿"是同时存在的，如背越式跳高中的背拱动作，既是相向补偿，又是旋转补偿。身体过竿之后，上肢上体和双腿伸展表现为相向补偿，同时增大了旋转半径和转动惯量，起到了减慢旋转角速度使落地动作更为安全的"旋转补偿"的目的。

第三节　田径运动训练基本理论

田径运动训练是由身体训练、技术训练、战术训练、心理训练、恢复训练、理论学习等内容所组成。这些构成因素综合地表现为田径运动员的训练水平和竞技能力。田径运动各项训练内容的关系相当复杂，总的来说，表现为相互联系、相互影响、相互促进和相互制约。

一、身体训练

身体训练是指发展运动员的速度、力量、耐力、柔韧及灵敏等身体素质的训练。身体训练水平在很大的程度上决定竞技能力水平，因此身体训练是田径运动训练中最重要的训练内容。身体训练分为一般身体训练和专项身体训练。

一般身体训练的任务是全面发展身体素质，提高机体器官系统的功能，为专项训练奠定基础。一般身体训练水平较高的运动员，能承受较大训练负荷，能较好、较快地掌握和完善专项技术，减少伤病，延长运动寿命。

一般身体训练的内容广泛，发展一般身体素质的方法和手段很多，通常采用快跑、跳跃、抛投、体操、游泳、滑冰、游戏等手段。进行一般身体训练时，应着重选择那些对身体有全面影响的练习，同时在选择一般身体训练的手段时，要适度考虑专项的特点。

专项身体训练的任务是发展与专项有密切关系、能直接促进掌握专项技术和提高专项成绩的身体素质。如短跑运动员的位移速度、跳跃运动员的速度力量、投掷运动员的动作速度等。专项身体训练手段的选择务必要与专项的用力性质、用力顺序、动作幅度及紧张程度一致或相似。在实践过程中，往往采用专项分解动作来发展某一专项素质，如短跑运动员用单腿跳发展位移速度、跳高运动员用"跳深"练习发展速度力量、标枪运动员用垒球掷远发展动作速度。

　　根据运动员的训练水平和训练任务，要有针对性地安排一般身体训练和专项身体训练。训练水平较低的少年儿童运动员应以一般身体训练为主；训练水平较高的运动员，应减少一般身体训练，增加专项身体训练。

（一）力量训练

　　力量是人体或身体某部分肌肉在工作时克服阻力的能力，它是各项目最基本的素质，是掌握运动技术、提高运动成绩的关键素质之一。按运动时肌肉克服阻力的表现形式进行分类，力量可以分为绝对力量、相对力量、速度力量和力量耐力。

　　1.绝对力量训练

　　绝对力量（最大力量）是指身体或身体某部分肌肉克服最大阻力的能力。最大力量的增长主要有两个途径：一是依靠肌肉内协调能力的改善，即提高神经系统的指挥能力，以动员更多的运动单位参与工作，提高肌纤维收缩同步化的程度，提高肌肉群之间的协调性。二是通过增大肌肉生理横断面，从而增加肌肉收缩力量。

　　发展最大力量最常用的手段是负重抗阻力练习，其效果取决于负荷强度、练习次数、练习组数、组间间歇等因素。负荷强度以本人最大负荷的65%～95%为宜。100%的最大负荷强度要慎用或少用。练习次数以3～10次、练习组数以5～8组

为宜。练习时应尽快完成动作。组间休息3分钟。

2.相对力量训练

相对力量是指人体每千克体重所具备的绝对力量。相对力量表达式为：相对力量=绝对力量（千克）/体重（千克）。

发展相对力量主要通过提高神经肌肉的协调性增加绝对力量，有利于增长力量，同时控制体重。发展相对力量的基本方法，是用85%以上的负荷强度，以动员更多的运动神经元兴奋，使更多的运动单位参与工作。练习次数为3次，练习组数为6～10组，组间充分休息。

3.速度力量训练

速度力量是指肌肉在运动时快速克服阻力的能力。速度力量是速度和力量的综合特征。运动员在完成动作时所用力量越大、时间越短，所表现的速度力量就越大。短跑、跳跃、投掷项目的运动成绩主要取决于关键动作的速度力量。

提高速度力量往往采用发展力量素质的练习手段。可采用负重或不负重练习。负重练习时，一般以40%～60%重量负荷，练习次数为5～10次，练习组数为3～6组，组间休息要充分。利用各种跳跃或跑的练习可以有效地发展速度力量，如单足跳、多级跳、跳深等。在速度力量练习时，务必注意加快动作频率。

4.力量耐力训练

力量耐力是指运动时肌肉长时间克服一定阻力的能力。阻力越大，运动持续时间就越短。力量耐力尤其对中长距离跑项目有重要意义。

力量耐力水平以绝对力量水平为基础，在获得一定绝对力量的基础上，决定力量耐力的主要因素转变为有氧代谢能力。

（二）速度训练

速度是人体快速运动的能力，是直接决定田径许多项目运动成绩的关键因素，如短跑的跑速、跳远的起跳速度、投掷的器械出手速度等。速度分为反应速度、动作速度和动作频率。

1.反应速度

反应速度是指运动员对外界刺激快速应答的能力，主要由反射弧各环节器官系统的机能、神经反射通路的传导速度所决定。反应速度除受遗传因素影响外，外界刺激的强度也起很大作用。在一定生理范围内，刺激强度越大，引起的反应也就越快。

注意力集中的程度也影响反应速度。据研究，当肌肉处于待发状态后的1.5～8秒之间时，反应速度最快，比处于放松状态时快60%。反应速度对径赛运动员，特别是对短跑、跨栏运动员有重要意义。

提高运动员的反应速度主要利用各种信号（枪声、掌声、口令等）刺激运动员，使其做出快速反应来实现训练，如短跑运动员听枪声起跑的练习。

2.动作速度

动作速度是指运动员快速完成动作的能力。它是在完成某一动作的过程中表现出来的，如投掷项目最后器械出手过程中的动作速度。

发展动作速度主要是通过快速重复完成某一动作的练习来实现，如跳远起跳动作、推铅球滑步收腿动作、掷标枪出手时的鞭打动作等。

3.动作频率

动作频率是指运动员在单位时间内完成相同动作的次数，如赛跑运动员的步频等。发展动作频率的方法与发展动作速度相同。短跑运动员经常通过快速高抬腿跑发展步频。

（三）耐力训练

耐力是指运动员长时间工作抵抗疲劳的能力。疲劳是运动训练后的必然结果，会使机体的工作能力下降，从而导致运动能力下降，所以疲劳是运动训练和比赛的障碍。但通过合理利用疲劳后的超量恢复，可有效提高机体的耐力水平。

耐力素质可分为一般耐力和专项耐力。从人体运动供能的主要渠道来说，又分为有氧耐力和无氧耐力。

1.一般耐力

一般耐力是指运动员在长时间的中小强度运动中抗疲劳的能力。长时间的运动主要靠有氧代谢供能，故又称为有氧耐力。一般耐力对长跑等项目有极为重要的意义。

对那些主要靠无氧代谢供能的项目来说，一般耐力虽不直接影响专项成绩，但由于一般耐力训练具有能使运动员增大吸氧量、改善运动员的心血管和呼吸系统功能，而这正是运动员发展和提高其他素质、承受大负荷训练和大负荷训练后恢复的基础，因此也有重要意义。

影响一般耐力的主要因素是最大吸氧量、氧的利用率及心脏循环率、糖原储备及机体机能工作节省化水平等。运动员的意志品质对一般耐力也有直接的影响。

一般耐力主要采用持续训练法和间歇训练法来发展，其手段应选择能使运动员获得最大摄氧量的持续活动，最常用的训练手段有30分钟以上的匀速跑、越野跑、1～2分钟的间歇跑、滑冰、游泳、球类运动及自行车运动等。负荷强度以心跳次数在150～160次/分为宜。可参照芬兰生理学家卡沃宁提出的进行有氧耐力训练心率保持公式来掌握负荷：负荷强度＝安静时心率（最大心率－安静心率）×60%。心率控制在这个水平可增加心输出量，最大摄氧量可达80%左右。

2. 专项耐力

专项耐力是指运动员在一定时间内持续进行大强度专项运动的能力。项目不同，专项耐力的表现形式也不同。长距离及超长距离项目以有氧耐力为特征，中跑项目的专项耐力可能以无氧耐力有氧耐力各半，短跑、跨栏、跳跃等项目以无氧耐力为特征，而投掷项目以力量耐力为主要特征。

专项耐力训练必须根据专项特点来进行，例如跑的项目主要采用大强度的专项距离或超专项距离的反复跑、变速跑、间歇跑等进行训练，而跳跃、投掷则采用练习难度或负荷重量大于比赛需要的训练手段来提高专项耐力。

（四）柔韧训练

柔韧是指人体大幅度完成动作的能力。柔韧能力由人体关节活动灵活性、肌肉和韧带的伸展性与弹性，以及肌肉紧张与放松的协调性所决定。在田径技术动作中，柔韧能力决定动作幅度，从而决定动作的效果，如短跑运动大幅度的"摆蹬"动作、跨栏运动的"攻摆"上栏动作、跳高运动的过竿"背弓"动作、跳远运动的空中"走步"动作及投掷运动的超越器械动作等。

柔韧训练的基本方法是拉伸法，可采用主动性和被动性拉伸练习。训练时要掌握好练习的强度和幅度，以免肌肉拉伤。因此，练习时用力程度要逐渐加大，以运动员稍感拉紧和微疼为止。柔韧练习一般在准备活动中身体发热后进行。专项需要应进行专门的柔韧发展训练，如跨栏过栏动作需要的髋关节的柔韧性练习。柔韧练习需要长期坚持进行。

（五）灵敏训练

灵敏是指运动员在各种突然变换动作的条件下，迅速和准确地改变身体运动的能力。灵敏表现为人体的动作过程，但从源头判断，灵敏首先表现为人的观察力、判断力和反应速度，其次表现为人的大脑皮质神经过程的灵活性，再次表现为人的力量、速度和柔韧，以及动作技能数量和巩固程度。

发展灵敏的主要手段是相对复杂的运动方法，如体操、技巧、武术、球类、游戏、滑冰和各种跑、跳、跨栏与接力等。灵敏性训练时，要注意密切结合专项特点，提高专项灵敏性；

训练手段要经常变换，以提高运动员分析器官的机能；在精力充沛的状态下进行训练，提高训练效果。

二、技术训练

技术训练的任务是学习和掌握先进的运动技术，并形成具有个人特点的技术特长，以有效地发挥机体的机能。

田径运动技术的特点是技术基本结构和技术环节都是相对固定的，不同的是技术细节（技术的个人特点）。因此，田径运动技术是周期性和混合性动作，便于运动生物力学研究，同时也便于确立"标准规范技术"。

为了掌握规范技术和形成个人特点，技术训练中要注意如下问题。

1.身体素质是掌握运动技术的基础

如跳高运动员没有起跳的速度力量能力，就无法掌握快速起跳的技术。因此，运动员要掌握规范技术、形成个人的技术特点，必须具备良好的身体素质。身体训练水平越高，技术掌握得就越好。

2.要抓住关键技术反复训练

田径运动各项目均有各自的技术关键。如短跑的蹬摆配合技术、跨栏跑的"跨栏步"技术、跳跃项目的助跑与起跳结合技术、投掷项目的最后用力动作技术。掌握关键技术可以提高技术的效果。

3.技术训练要贯穿于训练工作的始终

因为运动技术是大脑建立的一种暂时性的神经联系，身体训练水平经常处于消长不定的状态。因此，技术训练要贯穿于训练工作的始终。

在全年训练中，准备期应以学习和改进基本技术为主，注意提高技术基本结构及其衔接的质量；比赛期应以提高专项完整技术为主，注意提高关键技术环节动作质量。技术训练的主要方法有分解法、完整法、重复法、变换法和比赛法等。不同的阶段采用不同的训练方法，如初步掌握运动技术阶段采用分解法和重复法，提高运动技术阶段采用完整法和比赛法。

4.不断探索形成运动技术的个人特点

合理有效地完成动作的方法是一种理想的模式，通常是经过科学总结众多优秀运动员经验的结果。在运动员学习先进技术时，一定要从实际出发，结合个体的具体情况，细致分析，大胆探索，把个人的特点融入技术结构中，从而形成个人特长，提高技术的实效性。

三、战术训练

田径运动战术就是在比赛中根据对手和外部条件，充分发挥自己的能力，争取创造优异运动成绩而采用的方法。

田径运动竞赛中，不同的项目有不同的战术，如短跑比赛的战术主要体现在预赛中争取出线前提下保存体力，以便在决赛中全力以赴地战胜对手；中长跑比赛的战术体现在根据自己和对手的特点，确定在比赛中采用匀速跑、变速跑、领跑、跟跑的方略，以便在最后阶段率先冲过终点；跳高比赛体现在确定起跳高度和免跳的时机上；投掷项目比赛则体现在力争率先投出最好成绩，为获胜创造心理优势等。

田径运动员的战术效果取决于最有效地运用自己的优势、充分利用外部条件（天气、风向、风力、场地、器材等），以及抓住对手的弱点和错误并及时发挥自己的长处。因此，在战术训练中，应该培养运动员具有合理分配体力、迅速判断意外情况并迅速采取有效对策的能力。在制定比赛战术前，应详细了解比赛规模、场地器材条件、对手水平与特点、竞赛规程和规则、裁判方法及气候等情况。认真地制定战术方案，在比赛中从实际情况出发，适当地调整实践战术设想，是战术训练的最有效的方法。

四、心理训练

田径运动员的心理训练水平高，能有效地发挥身体、技术和战术水平，在比赛时提高运动成绩。田径运动员心理训练的内容是发展心理过程和个性心理特征能力。可参用《运动心理学》中某些方法进行训练。但是，提高田径运动员专项比赛能力、掌握完善专项技术、树立自信心是增强心理机能的基本途径。

五、恢复训练

大负荷训练是现代田径运动训练的重要特征之一。大负荷训练必然使运动员身心产生疲劳，疲劳产生后必须及时采取措施，使身心得以恢复，这样才能继续参加训练和比赛。否则会形成过度疲劳造成训练中断。没有恢复就没有训练，恢复训练在田径运动训练过程中具有重要意义。

应及时合理地调整训练计划、训练方法手段、训练负荷、训练组织形式等，调整运动员机体机能状况，从而加速运动员恢复过程。

应适当地走出生活和训练环境，观赏自然景色，参与文娱活动，转移注意力，消除紧张心理状态，使运动员中枢神经系统和肌肉的紧张程度得以缓解，使机体的机能系统恢复到平常水平。

应当用水疗、按摩、理疗、吸氧、针刺、气功和药物等方法尽快消除全身疲劳，及时补充能量，恢复机体工作能力。

六、理论学习

现代田径运动水平已达到很高的程度，要想在竞争激烈的国内外比赛中取得优异的运动成绩，运动员必须具有一定的理论水平，才能自觉地进行系统科学的运动训练和比赛。因此，田径运动员在训练过程中，要加强理论学习，提高训练的效果，最终提高训练水平，创造优异运动成绩。为此，教练员应根据运动员的训练水平、文化程度、训练年限等，系统安排理论学习，不断提高运动员的理论水平。

运动员理论学习的内容有解剖学、生理学、保健学、营养学、生物力学、教育学、心理学、训练学、社会学等基本的理论与知识。具体的知识点为专项应该发展的肌肉、身体素质发展的生理学依据、主要预防的运动损伤、恢复的方法和手段、训练竞赛需要的营养、专项技术的运动学和动力学特征、训练过程的教育教学特点，以及竞赛要求的心理过程和个性心理特点等。

提高运动员理论水平的基本方法有：给运动员定期举行讲座或专题报告、教练员与运动员共同讨论相关的问题、运动员阅读专业文献资料、观看技术动作分析的影片或录像，以及进行个人技术分析与训练总结等。

田径运动训练是通过有目的、有计划、有步骤的采取各种有效的训练方法和手段挖掘人体运动潜能的过程。目前，人们已经总结出很多科学的田径训练理论指导田径运动实践，但有许多田径理论问题尚未完全掌握，如运动成绩提高的更深层次的规律、更加科学地制定训练计划的原理、更加有效提高身体素质的训练方法与手等，这都需要我们不断实践学习，不断进行研究和总结，不断创新，为21世纪更好地普及与提高田径运动水平服务。

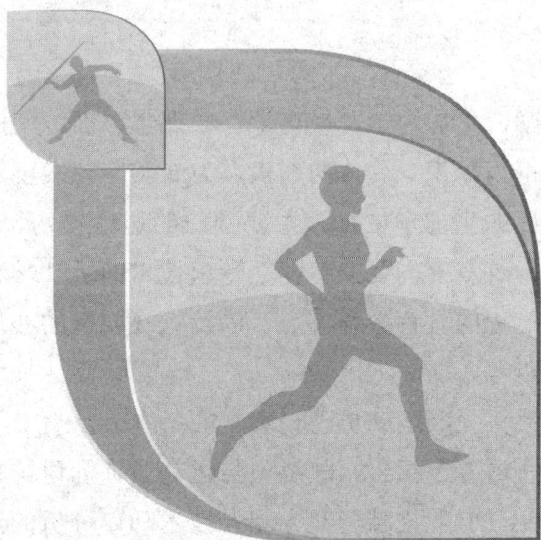

第二章

田径运动训练的科学控制

第一节　田径训练的基本原则

　　运动训练是一种专门组织的教育过程，它同任何事物一样，有着自身的客观规律。运动训练原则是运动训练过程的客观规律的反映，是运动训练实践普遍经验概括和研究成果的结晶，是进行运动训练必须遵循的准则。田径运动训练是运动训练的组成部分，因此田径运动训练也必须遵循运动训练原则。

一、一般训练与专项训练相结合原则

一般训练是指在运动训练过程中，以多种身体练习、训练方法和手段，全面提高运动员各器官系统的机能，发展运动素质，改善身体形态和心理品质，掌握一些有利于提高专项的其他项目的运动技术和理论知识。其目的是为专项运动打好坚实的基础。

专项训练是指在运动训练过程中，以专项运动本身的动作，以及与专项运动动作相似的练习，提高专项运动水平所需的机能，发展专项运动素质和心理品质，掌握专项运动的技术、战术和理论知识。专项训练的内容和手段较少，其目的是最大限度地提高运动员的专项运动成绩。

一般训练与专项训练相结合原则就是指在运动训练过程中，要根据运动项目的特点，运动员的水平和不同的训练时间、阶段的任务，恰当地安排两者的比重。

在田径运动训练中，必须把一般训练与专项训练结合起来。田径运动项目较多，各项目都有各自的特点和要求，但只有在身体素质全面发展的基础上，才能较大幅度地提高专项运动能力和专项成绩。身体素质是互相联系的，为了使某一身体素质得到最大程度的发展，就必须相应发展其他素质。如短跑运动员要获得最大的速度，必须具备相应的力量素质、速度耐力素质和良好的协调性、灵敏性。运动员具有较高的身体素质全面发展水平，才能掌握先进的技术，保持良好的竞技状态，适应现代运动训练中大负荷和年度训练中多周期的特点，在当今频繁的比赛中取得优异成绩。

当然，在训练中必须依据专项特点、训练水平和训练任务，最恰当地安排一般训练的专项训练的比重。对于青少年运动员，在基础训练阶段，一般身体训练的比重应相对较大，否则，过多采取专项训练的内容和手段，对他们今后的发展是不利的。而对于高水平运动员来说，已经具备了身体、战术训练的坚实基础，在他们的训练安排中也可以把专项训练作为进一步提高训练水平的基础。因此，在田径运动训练中贯彻一般训练与专项训练相结合原则，最关键的是安排好两者的比重。

二、区别对待原则

区别对待原则是指在运动训练过程中，要根据运动员的个人特点，有针对性地确定训练任务，选择训练方法、手段和安排运动负荷。

运动员的个人特点包括年龄性别、文化程度、身体条件、训练水平、心理品质等各个方面。

为了贯彻区别对待原则，首先要深入了解和掌握运动员的个体特征，切实掌握每个运动员的思想、学习、身体素质和技术、战术情况，正确安排训练计划，采取有针对性的训练内容和手段进行科学训练。在训练过程中除了对全队提高一般性的统一要求外，还必须针对每个运动员的特点提出不同的要求。制订的训练计划既要有全队的，又要有个人的。例如，对身体质较差的选取针对性的方法手段，发展其身体素质；对技术较好的提出更高的要求等。由于运动员的身高、身体素质发展水平不同，对跑的步长、步频等的要求也应有所不同。同样，跳跃和投掷各项目运动员的技术也应具有个人特点。在安排运动量的强度时也应依据运动员的年龄、训练水平等方面的差异，区别对待。在训练中，依据运动员的特点区别对待，才能提高每个运动员训练水平和运动成绩。

三、合理安排运动负荷原则

合理安排运动负荷原则是指在训练过程中，根据训练任务、训练对象的水平，逐步地有节奏地加大运动负荷，直至最大限。

训练过程中应循序渐进地加大运动负荷。增加运动负荷应以身体健康状况和机体能力为依据。一般运动负荷的增加应按照适应-加大-再适应-再加大的原则进行，做到运动负荷大、中、小相结合，节奏分明，并掌握好负荷与恢复的关系。适当休息，有节奏地增加运动负荷有助于提高机体工作能力。大运动负荷对于少年儿童运动员来说尤为重要。

适当搭配负荷量和负荷强度。运动负荷量和强度有三种不同的搭配方式，但运动负荷的增大一般是从增加数量、时间开始，首先增加每次训练课完成的次数，在适应了这一负荷量之后，再逐渐增加练习强度。在增加负荷强度的同时，有时要减少一些负荷量。

安排运动负荷必须考虑运动员的训练水平，区别对待。有

时还要考虑到各专项特点以及其他活动的负荷。如在一天内有足球教学课或滑冰训练课，在进行田径训练时，就应减少下肢力量练习，而适当增加躯干和上肢力量练习。

在尽可能合理安排运动负荷的同时，应加强医务监督和恢复手段的运用。

四、系统的不间断性原则

系统的不间断性原则是指从初期训练到出现优异运动成绩，直至运动寿命终结的长期训练过程中，都应按照一定的顺序，持续不断地进行训练。

"按照一定的顺序"，是指在训练的全过程中，无论训练内容的选择和训练，训练手段和方法的采用，以及训练各时期和阶段的任务和要求，都应根据它们的内在联系，有顺序地合理安排循序渐进地逐步提高。

系统的不间断性原则要求我们在田径训练时必须按计划、系统地、不间断地进行。

田径运动训练内容和训练手段的选择，以及各训练时期的训练任务的提出，一般都要按由易到难、由简到繁、由已知到未知的要求进行安排。

运动员训练水平的提高是一个长期的过程，在田径运动训练中，只有坚持全年、多年的不间断的训练，才能使训练水平逐步提高。但这种不间断，并不排除在训练过程中安排适当地间歇和调整时间。只有科学地安排间歇和调整，才能更好地保证训练系统的不间断进行。

五、周期性原则

运动训练的周期性原则是指运动训练过程以周而复始、循环往复的方式进行，后一个循环在前一个循环的基础上，不断提高训练的要求，使运动员在周而复始的循环中创造专项优异成绩。

田径运动多年系统训练是以年度训练为基本周期，年度训练一般又分为三个训练时期，即准备期、竞赛期和调整期，但是现在随着田径比赛机会和次数的增多，年度训练已由单周期、双周期向多周期发展。

在田径运动训练中，全年训练周期的划分应适应比赛的需要；应控制和调整每个大周期中各训练时期的时限；应注意各大周期衔接，并安排好小周期和每次课的训练，保证大周期训练任务的完成。

第二节　田径训练计划的制订

田径训练计划是对未来训练过程预先做出的理论设计。"凡事预则立，不预则废"。计划就是"预"的一项重要内容，是运动训练过程中的一个重要环节。其作用主要表现在以下三个方面。

（1）规划了实现由运动员的现实状态向目标状态转移的通路，使运动训练过程的所有参与者了解如何训练才有可能完成训练指标，使对训练成果的预测能够实现。并且围绕着所制订的训练计划的贯彻与实施，统一教练员、运动员、科学工作者医务监督人员、行政管理人员及后勤人员等所有训练过程参与者的认识和行动。

（2）通过田径运动训练计划的制订把训练过程的目标具体化为若干独立而又彼此联系的训练任务和形式，并进一步具体化为若干按特定要求进行的练习。运动员逐一地去完成这些练习，逐一地实现各个课次的训练任务和要求，就会一步步地逼近并最终完成训练的目标。

（3）田径运动训练计划是对运动训练过程进行必要的调节和有效控制的基础。通过制订和实施运动训练计划，可以对"诊断""指标"等环节的状况做出适宜的评定。这是保证运动训练过程顺利完成的重要条件之一。

根据不同的标准，可以对田径运动训练计划进行不同的分类。按田径运动训练计划时间跨度的大小，可将其分为多年训练计划、年度训练计划、阶段训练计划、周训练计划及课训练计划五种。

一、多年训练计划的制订

多年田径训练计划所涉及的时间跨度自两年起至十几年。按照田径训练计划的时间跨度与运动员这个运动生涯的相互关系，多年训练计划可分为全过程的与区间性的。

（一）全过程多年训练计订

全过程多年田径训练计划是对运动员从开始参加训练，达到高度的竞技运动水平，直到停止训练活动这一全过程的整体规划。由于运动员能否坚持多年系统的训练到受包括社会影响在内的多种因素的制约，而且全过程的田径训练又要持续十几年以至更多的时间，因此，关于全过程多年田径训练计划及实施的理想完整实例较少。人们主要通过对多年坚持系统训练的优秀运动员训练经历的回顾，从理论上概括和归纳出全过程多年田径训练计划的基本要点。

对于全过程多年训练计划的阶段划分，不同国家的田径运动训练学理论学者做出了不同的概括和归纳。例如，德国的哈雷·惠格认为可分为初期训练和高水平竞技训练两个大的阶段。初期训练阶段又可以分为基础训练、建设训练和连接训练三个小阶段。

联邦德国训练学界比较一致地认为运动员多年训练的全过程应该划分为基础训练阶段、建设训练阶段、竞技训练阶段及高水平竞技训练阶段四个部分。

（二）区间性多年训练计划

对于两年以上的某一特定年限训练过程的总体设计就是区间性多年田径训练计划。比如对业余体校学员在基础训练阶段训练的总体规划，对优秀运动员参加两届奥运会之间的四年训

练的规划，对大学生运动员参加系统训练的总体规划等都属此类。

在此仅就优秀运动员参加两届重大的国内、国际比赛之间的区间性计划做一些阐述。

准备参加四年或两年一度的重大比赛的优秀运动员大多数处于个人多年训练全过程中的最佳竞技阶段，也有部分选手处于专项提高阶段的高峰或竞技保持阶段。

处于专项提高阶段高峰或刚刚进入最佳竞技阶段的运动员可以说是处于"上升阶段"，其训练负荷常常是逐年增加的，在这一过程中运动员的竞技能力也不断得到提高，以求在"奥林匹克年"达到高峰。而处于最佳竞技阶段后期特别是处于竞技保持阶段的运动员，则要特别注意细致安排训练的负荷，应使训练的负荷在一个多年训练的区间中保持较为明显的节奏，以保证运动员能以充沛的精力和理想的竞技状态参加最重要的比赛。

二、年度训练计划的制订

年度田径训练计划是教练员和运动员组织运动训练过程的重要依据。由于适宜竞赛条件的出现具有明显的年度周期性特点，因此，人们通常以年度田径训练为运动训练过程的基本单位。制订年度田径训练计划是从事系统训练活动的教练员和运动员必不可少的一项工作。

根据每个训练年度在多年训练过程中的地位和具体的训

练任务，可以把年度训练计划分为基础训练的年度计划、专项训练的年度计划、保持竞技水平的年度训练计划以及调整恢复的年度训练计划等。而根据每人训练年度内部结构的不同特点，即其所包含的训练大周期的数量，可以把年度田径训练计划分为单周期的、双周期的或多周期的年度田径训练计划。

　　根据不同项目的特点、不同水平运动员的特点以及不同比赛任务的要求，在一个年度的运动训练过程中，可以包括一个大的训练周期，或者包括两个乃至更多，这便分别构成了单、双和多周期的全年训练过程。

　　在某些运动项目的训练中，运动员竞技状态的形成只需要较短的时间，如3个月，而在集中参加两个至两个半月的比赛之后，其竞技状态会逐渐下降。因此，这些项目的运动员只需要大约半年的时间就可以完成一个大的训练周期的任务，使自己的竞技水平达到一个新的高度。这样，年度训练过程便自然地包括了两个完整的训练周期。在两个周期中各安排一个竞赛期，运动员应力求通过科学的安排使自己在两个比赛期处于最佳的竞技状态。如我国田径运动员每年准备春秋两个季度的全国性竞赛，便是典型的双周期训练安排。

　　对大多数速度力量性项目（田径短跑、跳跃、举重等）和技能类单人项目（竞技体操、击剑、羽毛球等），一年分为两个大周期是适宜的。大部分的耐力性项目（如马拉松跑、公路自行车等），需集体协调配合的球类项目，以及综合性的田径全能项目、季节性极强的冬季运动项目等，以安排一个大周期为宜。

年度训练计划格式示例如下。

全年训练计划

年度主要任务____ 项目____ 运动员（队）____ 性别____ 年龄____ 训练年限__

类别		运动员现实状态分析	年度训练的目标状态
运动成绩			
机能			
素质			
技术			
战术			
形态			
心理			
智能			
负荷*	课次		
时期**	准备期	比赛期	过渡期
阶段			
时间			
主要任务			
负荷变化的总趋向			

续表

类别		运动员现实状态分析	年度训练的目标状态	
主要手段及负荷要求				
恢复措施				
检查评定的内容时间				

　*负荷栏内填上负荷的主要指标，如跑的距离（千米）、训练时间、整套动作的次数等。

　**如果安排双周期，则分为六格。

三、阶段训练计划的制订

　　这里所说的阶段田径训练是专指全年训练之中的特定时间范围内的训练，通常为半个月至半年。

　　从阶段田径训练和全年训练的关系来看，可将其视作两种不同的类型：第一种是作为完整的全年训练过程中的一个有机组成部分，即一个时期或一个特定阶段的训练；第二种是指中短期临时性集训。从训练的角度来看，后者表现出更加突出的阶段性和独立性。在地区性比赛之前，经常组织这种中短期的临时性集训。

（一）阶段训练计划的构成及其负荷特点

　　一个阶段的训练过程可以看作是若干个周训练过程的组合。这些周的训练过程既有各自的鲜明的特点，又彼此关联，互相依存。

在系统的全年训练过程中，常常为完成某一个特定的训练任务而制订连续几周的专门阶段训练计划，如加量的阶段田径训练计划、加强度的阶段训练计划、发展最大力量的阶段田径训练计划、连续比赛的阶段训练计划等。每个阶段田径训练计划都由一组具有独立任务周期的训练计划构成。这里我们以持续六周的阶段训练计划为例，分别列举几种不同的负荷结构（如图1所示）。

图1中，图（a）是连续六周安排的中等负荷，主要靠周内的调节恢复，这种负荷安排多用于青少年运动员训练或者准备期训练；图（b）是先逐周增加负荷到最大，然后下降调节，

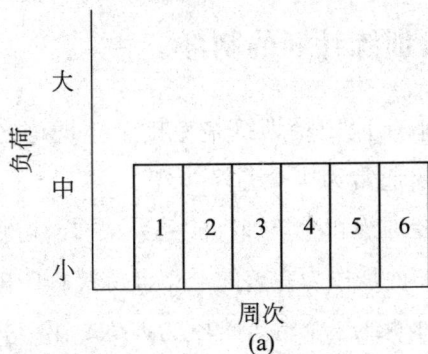
(a)

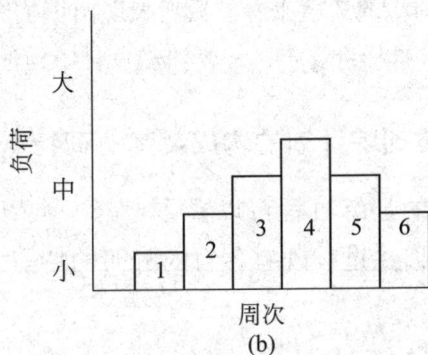
(b)

(c)

(d)

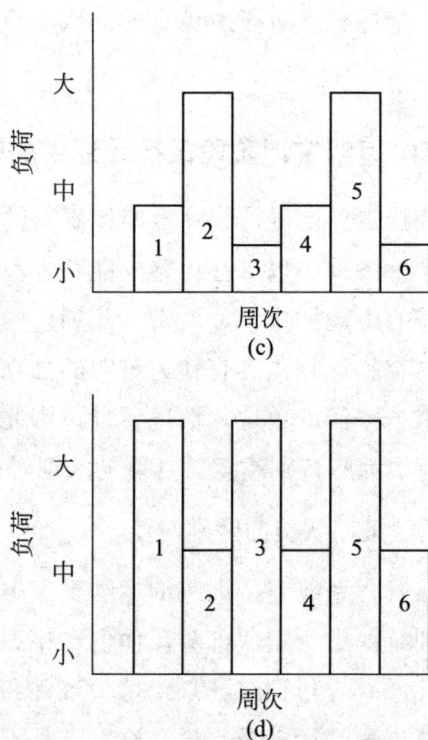

图1 以持续六周的阶段训练计划为例的不同负荷结构

这种安排会使运动员感到较深的疲劳，需要接着安排必要的调整和过渡，这种负荷安排多用于比赛前期的训练；图（c）中周负荷的节奏变化比较明显，运动员的机体可及时获得必要的恢复，这种负荷安排可以用于训练的各个周期中，因此也多为运动员所采用；图（d）中是隔周最大负荷和最小负荷交替进行，通过负荷的大起大落，打破原有的"动态平衡"，并产生明显的超量恢复，这种负荷安排多用于高水平的运动员。

在实际训练过程中，要从运动员的具体情况出发，根据阶

段训练的任务、指标整个阶段所包含的周次，恰当设计好阶段训练的结构。

（二）赛前中短期集训阶段田径计划中的区别对待

为准备某些特定的比赛，往往要组织赛前的集训，为运动员创造较好的训练条件，以求在比赛中能够表现出更高的竞技水平。这种赛前的中短期集训，通常为几周至两三个月。赛前中短期集训的内容和计划，具有较为鲜明的独立性。由于集训的运动员往往来自不同的单位，情况各异，因此，在制订田径计划及实施过程中都应特别注意认真贯彻区别对待的原则。

1. 对不同类型集训队员的区别对待

对在集训前一直系统坚持训练的运动员，中短期集训看作是系统的全年训练的一个组成部分，他们在集训期间的训练计划应该力求与其原有全年训练计划保持一致性和连贯性。对于集训教练员一直指导的运动员来说，这一点是不难做到的。集训教练员在为临时由自己指导的集训队员制订训练计划时，首先应认真研究运动员原有的全年训练计划，认真地分析运动员集训开始时的现实状态，并在将自己的意见与其原教练员认真讨论之后，对原来的计划做必要的调整，使之既能保持与原训练状况的连续性，又能与集训教练的安排取得一致。

在基层单位的赛前中短期集训中，教练员常常会遇到一些没有经过系统训练的集训队员。特别是那些在快速发育阶段突然表现出惊人的先天性竞技能力，并因而被选入集训队的青少年，这些队员机体的各个方面都没有经过系统的训练，无论从生理上还是心理上都缺乏承受较大的连续负荷的能力。他们偶尔能在比赛中表现出使人意想不到的竞技能力，取得良好的运动成绩。但是，比赛之后往往会出现较大的机体反应。在体力良好等适宜条件下，他们会对争取比赛的胜利表现出强烈的动机和高度的兴奋，而在连续大的训练特别是连续的比赛中却难以保持心理的稳定性。在为这种类型的运动员制订集训计划时应充分考虑到上述特点，以中等程度的运动负荷为主，只有在能够保证有足够的恢复条件下才可以安排带有强化性质的运动负荷。

在中短期临时性集训中也有时会遇到一些长期间断训练的老运动员。他们曾亲身经历过艰苦的训练和激烈的竞赛，在退出竞技舞台之后，由于某种机遇或需要，又来参加集训和比赛。经过长时间的间断，这些老运动员的体能大多有较明显的下降。尽管从他们的中枢神经系统中仍可以发出高强度的神经冲动，但他们的肌肉、韧带等运动器官很难承受这样大强度的刺激。因而，在训练和比赛中经常会出现肌肉或韧带拉伤。对这样的老运动员，应以适应性及诱导性的训练为主，注意负荷安排的循序渐进，使其机能（首先是运动器官）尽快地适应一定强度的刺激。采用诱导性的练习既能够"唤醒"运动员机体中在过去系统训练比赛的岁月中所培养起来的高度的协调能力，又可以较好地避免运动损伤的发生，使运动员能够顺利地参加集训和比赛。

2.对不同田径项目集训队员的区别对待

中短期集训时间有限，因此应抓住短期内较有把握见到成效、对比赛成绩有较大影响的方面集中加以解决。这样，不同运动项目的中短期集训自然就有着不同的重点。

对体能类田径项目如长跑、竞走等来说，赛前中短期集训首先要注意运动负荷安排的节奏，以便保证运动员在比赛时处于最佳的状态。在强化训练之后要注意调整和恢复，在连续的热身赛之间要注意保持一定的负荷，而且应根据比赛的需要，使运动员在赛前一定的时间内达到较高的专项强度。在技术训练方面，则应该抓好主要技术环节的熟练和完善。对于改进技术动作应采取慎重态度，只有那些在短期内能够有效地加以改进的技术动作，才可安排进行。应避免出现破坏运动员原有的动力定型，而又来不及建立和巩固新的动力定型，从而造成运动员概念混乱、动作不稳定的不良效果。

对于要求在比赛中高质量地表演固定组合的技能类表现性的运动项目，如撑竿跳高、跳高等，在赛前的中短期集训中应着重熟练成套动作，提高成套练习的成功率，而不宜再过多地抠一些技术细节。一般来说，也不要临时改变成套的组合。

对于在比赛中要求以不断变化的技术组合去战胜对手的个人对抗性项目来说，在赛前中短期集训中应重点抓好技术绝招的训练，并通过各种配对练习提高实战能力。

四、周训练计划的制订

（一）周训练计划的不同类型

田径周训练计划是具体的实施计划。依训练任务及内容的不同可把周训练分为基本训练周、赛前诱导周、比赛周以及恢复周四种类型。为适应不同的任务而制订的各种相应的周田径训练计划也表现出明显不同的负荷特点。

1.基本训练周

基本训练周的任务是通过负荷的改变引起新的生物适应现象，以获得竞技能力的提高。基本训练周又可分为加量周和加强度周。在需要给运动员机体以强烈刺激时，还可组织实施不同特点的强化训练周。

运动负荷的加大是基本训练周负荷要求的基本特点。负荷的加大可以通过加量或提高强度的方法，也可以通过强度和量都保持不变的负荷的累加而得以实现。

2.赛前诱导周

赛前诱导周的任务是力求使运动员的机体适应比赛的要求和条件，把在长期训练过程中所获得的各个方面的竞技能力集中到专项所确定的方向中去。

赛前诱导周作为比赛前的训练准备，主要用于比赛周之前。有时安排一周，也有时连续安排数周。主要内容是提高掌握运用战术的能力，增加实战训练的比例。

3.比赛周

比赛周的任务是为运动员在各方面培养最佳竞技状态作直接的准备和最后的调整，力求创造优异的成绩。

比赛周负荷的安排要全部围绕着使机体在比赛日处于最佳状态来进行。负荷的组合方式也是多种多样的，需根据运动项目、运动员特点及赛前的状态而定。一般来说，总的负荷不大。在比赛日之前，通常需降低训练强度或保持一定的训练强度。负荷量在大多数情况下亦应减少或保持，只在某些特定的条件下（如间断训练后恢复训练过程中参加比赛时）才可适当加量。

4.恢复周

恢复周的任务是通过降低运动负荷以及采取各种恢复措施消除运动员生理上和心理上的疲劳，以求尽快地实现能量物质的再生，促进超量恢复的出现。

恢复周通常需要大大降低负荷强度，而负荷量需要大幅度地减少或者适当保持一定的水平。如果比赛周负荷量很小，也可以在恢复周中适当地增加负荷量。

（二）周训练计划结构的特点

1.不同训练课次中训练内容的交替安排

通常在一次较大的负荷后，一般需经过24～72小时的间歇，才能实现充分的恢复。但是，为了迅速提高运动员的竞技水平，充分利用运动员有限的竞技年龄，在连续组织的多次训练课中交替安排不同的训练内容能够取得良好的训练效果。具体原因如下。

（1）不同的训练内容要求不同的供能系统参与运动。例如，耐力性练习以有氧供能为主，在10000米跑中达95%左右；而速度性练习却恰恰相反，在100米跑中无氧代谢供能约占95%。

（2）不同的训练内容对人体不同的生理系统提出不同的要求。如技术训练要求中枢神经系统与骨骼肌肉系统的高度协调性，耐力训练则要求呼吸与心血管系统承受高度的、长时间的负荷。

（3）不同的训练内容要求不同的肌群或以不同的工作方式提供运动的主要动力。如跑、跳等练习主要由下肢伸肌群完成，而卧推、引体向上等练习则主要由上肢诸肌群完成。

（4）不同的训练内容对运动员产生不同的心理影响。如技术训练时要求运动员全神贯注，而郊外的轻快越野跑则可使运动员思想放松。

因此，在周田径训练计划中交替安排不同的训练内容，既能够使运动员所需要的各种竞技能力得到全面的、综合的发展，又可避免负荷过于集中的过度训练。

2.周训练计划的两段结构

在训练实践中，有经验的教练员常常把一周的训练分为两半。在上半周的训练之后，安排较小的负荷或其他形式的积极性休息作为调整；在下半周的训练中，负荷的内容及程度常常与上半周相似。这种结构即为周田径训练计划的两段结构。

五、课训练计划的制订

（一）训练课的类型

根据田径训练课的主要任务和内容可以把训练课划分为如

下几种类型。

（1）身体训练课　多安排在训练的准备期，进行一般和专项身体训练。主要通过多种多样的训练方法和手段，发展运动员的一般和专项运动素质提高和保持身体训练水平。负荷相对较大。

（2）技术、战术训练课　多安排在训练的准备期和比赛期。主要进行专项技术、战术训练，以及各种为专项技术、战术训练服务的辅助性练习。训练课的负荷视任务的不同而各异。如学习和掌握某一技术、战术时，负荷强度较小而量较大；为适应比赛的需要，巩固提高技术、战术水平，则负荷强度大并安排适当的量。

（3）测验、比赛课　多安排在准备期的后半期和赛前训练中，在一个阶段的训练结束时，也多安排这种类型的训练课，以检查阶段训练成果，为下阶段的训练安排提供依据。此时，负荷强度安排很大，甚至达到或超过比赛强度。

（4）综合训练课　即包括上述三种类型课中的两种以上内容的训练课。这种训练课在训练过程中进行得比较多。在训练课上通常安排不同的内容交替进行。在训练大周期的各个时期经常采用。

（5）调整训练课　通常在训练的过渡期安排，在一个阶段的大负荷训练和激烈比赛后也穿插安排调整训练。训练课的负荷较小，主要采用训练学、医学、生物学和心理学的恢复手段消除运动员因负荷产生的疲劳。

（二）田径训练课的任务及内容的确定

训练课的任务及内容主要应根据周训练计划的统一要求和运动员的现实状况来确定。大多数教练员在制订周田径计划时就已经制订了具体的课时计划。一堂课的任务可以是单一的，也可以是综合的。一般来说，少年儿童运动员训练中综合课比成年运动员多，初学者比优秀运动员综合课多，准备期比比赛期综合课多。由于综合训练课内容可以在心理和生理上互为调剂，避免训练枯燥和单调，可以帮助运动员提高对训练的兴趣，保持强烈的训练动机。

在一堂综合训练课中训练的任务以选择两三项为宜。要注意合理安排训练内容的顺序。凡是需要运动员精力充沛才能很好地完成的训练内容的一般应安排在训练课的前半部分，而在疲劳或深度疲劳下仍然可以完成的训练内容则可安排在训练课的后半部分进行。在综合的素质训练课中则应首先安排柔韧性练习，其次为速度或力量，最后为耐力。

单一的训练课在准备期的训练中通常安排得较少。但各个项目的训练中有时都会组织一些发展本项目主导因素的单一的训练课，如中长跑运动员的耐力课、跳高运动员的跳跃力量课等。比赛期的训练中，由于训练的目标更加集中，训练的课时缩短，负荷相对减小，所以单一训练课的比例比准备期中略高一些。

（三）田径训练课的基本结构

一堂田径训练课通常由准备部分、基本部分和结束部分

组成。

　　准备部分的任务是使机体逐步进入工作状态，从心理和生理两个方面做好承受计划负荷的准备。通常把准备活动分为一般准备活动和专门准备活动两个部分。一般准备活动的主要任务之一是提高体温，因此，需要连续完成10分钟以上的、强度不低于耗氧水平为最大吸氧量45%的运动，这一强度要求大体相当于每分钟心率110～150次的强度范围。因此，不论什么项目的动员，准备活动时做10分钟左右的慢跑及10分钟左右的一般伸展体操是适宜的。在一般准备活动之后，要结合专项训练的需要做些专门的准备活动，通常做一些本项目的基本练习（基本功）或某些单个的技术动作，以促使运动员从心理上做好训练准备，并使人体的运动器官和内脏器官也都渐渐进入运动状态，同时在技术上做好必要的准备。

　　基本部分中按照训练任务及内容安排的顺序进行。期间，运动负荷一次或者几次达到高峰。基本部分的时间通常在全课中占的时间最多，为50%～90%。

　　结束部分也常称为整理活动，其主要目的是为了加速排除负荷时体内积存的乳酸，补偿运动时的氧债，使参与运动的肌肉尽早恢复到运动前的状态，同时使运动员的心理过程从应激状态中逐渐退出。结束部分实际上已是负荷后恢复过程的开始。正确地组织实施训练课的结束部分，对于负荷后的恢复有重要的促进作用。研究表明，负荷后做轻度运动时，乳酸排除的速度要比保持安静时约快2倍，吸氧量在运动后10分钟后恢复，血压约需20分钟左右恢复到安静时水平，因此可以认为在调练课的结束部分中完成约15分钟的轻松活动是适宜的。

（四）田径课训练计划格式示例

基本田径训练单元课实施计划的制订，要求更为具体、细详，不仅要研究训练手段、提出负荷要求，而且还要考虑场地器材、组织形式并制订现场恢复的措施，考虑如何记录、评价训练进行和计划执行情况。计划格式见下表。

课训练计划

教练员_____　　专项_____　　日期_____年___月___日___午

课的任务_____　　　　负荷要求_____

阶段	训练手段	时间	负荷量强度要求	技术战术要求	组织形式	场地器材
准备活动						
基本练习						
生理活动						
恢复措施						
小结：						

第三节　田径训练心理调控

田径运动员的心理调控需要通过对心理能力的训练来体现，针对心理能力的训练，常用的方法主要有意念训练法、诱导训练法。对于不同的心理现象，所采用的方法也不同。运动员或教练员可以结合具体情况合理利用。

一、常见的心理能力训练方法

1.意念训练法

在田径体能训练中，意念训练法是常见的心理能力训练方法之一。它是指运动员有意识地、积极地对头脑中已经形成的运动表象进行利用或充分利用想象进行训练的方法。

意念训练对战术训练有着较为显著的作用和影响，如在训练之前通过对技术要领方法的想象，在大脑皮层中留下技术"痕迹"，也就是所谓的技术概念，然后在训练中将这些痕迹逐渐激活，这样就能够达到使动作完成得更加正确、顺利的效果。另外，如果在训练之后，对刚刚完成的训练进行技术"回忆"，能够达到使正确动作在脑海里更加巩固的效果。如果动作中有错误出现，在回忆中伴随着对错误动作的"纠正"，通过与正确技术进行对比，能够使其得到"克服"，从而使下次训练再次出现错误的现象得到有效避免。

在进行意念训练过程中需要注意的是，产生一种思维运动效果是非常有必要的，要有意识地发展思维，从而达到将思维与各种运动感觉有机地结合起来的目的，进而将头脑中的想象变成运动中机体的"活力"，使训练者能够高度集中注意力。要达到这种效果，闭目训练是较为有效的方法之一。

另外，从另一个角度来看，自我暗示也是意念训练的一种，通过自我暗示，不仅能够对动作的完美过程进行想象，而且还能够通过暗语的使用，达到自我动员激励的效果，进而取得技术想象与心理调控的双重效果。在进行意念训练时，为了保证良好的训练效果，可以在暗室内进行，最好是在一个舒适的地方坐着或躺着进行。

2.诱导训练法

所谓诱导训练法，就是在训练中采用有效刺激物把运动员的心理状态引导到某事物或方向上去的训练方法。通过运用这一训练方法，对于训练与比赛任务的完成，建立良好的心理状态有非常积极的推动作用。从广义上讲，也可以将意念训练法看作是一种自我诱导方法。但是，诱导训练法与意念训练法具有一定的差异，两者之间的区别在于训练者诱导训练是通过教练员、心理学专家等他人的诱导或者用录像带等外界刺激来完成的；而训练者意念训练的完成则是通过自身的诱导完成的，与诱导训练是不同的。

一般情况下，诱导训练进行的途径有很多种，可以由诱导者发出语言信号，由运动员的听觉器官接受信息，并按预定要求去实施。语言诱导是诱导训练法的一种重要方法，常用的手段主要包括鼓励与批评、说服与疏导、启发与幽默。诱导者进行训练常用的一种形式就是通过示范、图片、录像等，将诱导信息传递给运动员，经由运动员的视觉器官接受信息，并按预定要求去实施。

在进行诱导训练时，应注意的是，一定要以运动员的兴趣为主要依据来选择诱导手段，只有这样，才能够引起运动员注意力的转移，这对于良好训练效果的取得有积极的影响。另外，训练还应从诱导的目的、手段、信息传递方式及结果等多方面来计划安排一次诱导训练，一定要有计划地进行运用，否

则会产生副作用。诱导者可以是教练员、心理学家或者同伴，但无论谁是诱导者，一定要保证其在运动员的接受范围内。

二、常见的心理现象调控方法

1.心理胆怯的调控方法

一般来说，心理胆怯往往是由于对自己不自信、压力大、对陌生环境不适应等造成的，初学者常常会有这种心理状态。心理胆怯会使大脑皮层的控制系统陷入混乱状态，使神经系统的控制被打乱，从而引起机能失调。要想调控心理胆怯，首先要解除其胆怯的原因，解除思想负担。

2.心理紧张的调控方法

在田径体能训练或比赛之前，往往会出现心理过度紧张现象。心理紧张会减弱大脑皮层对自主神经系统和皮层下中枢的调节活动，从而导致呼吸短促、心跳加快等反应出现，严重者还会表现出四肢颤抖、尿频等症状，这些都会使训练者心理活动出现失常，并且很难在训练中高度集中注意力。另外，心理紧张有可能失去控制自己行动的能力，这些反应会在一定程度上影响着训练效果。造成心理紧张较为重要的影响因素主要有：睡眠不足、训练过度、恢复不好、对自己期望过高、压力过大、过去失败表象的重现等。克服和调控心理紧张现象，可以根据实际情况有针对性地采取以下五种方法。

（1）表象放松法　所谓表象放松法就是使训练者想象他通

常感到放松与舒适的环境，让训练者在头脑里置身于这个环境之中，使身体得到放松的方法。运用这种方法，能够缓解心理紧张，取得较为理想的调控效果。

（2）阻断思维法 所谓的阻断思维法就是当训练者由于信念的丧失出现消极思维，引起心理紧张时，训练者利用大吼一声或者向自己大喊一声"停止"，阻断消极的驱动力意识，以积极思维取而代之的方法。通常情况下，教练员阻断训练者的消极思维的方法有很多，比如制订响亮口号或者做一些切实可行的活动等。

（3）排尿调节法 一般来说，情绪紧张会在一定程度上减弱大脑皮层抑制过程，兴奋过度，大脑皮层下中枢和自主神经系统调节作用有所减弱，就会出现尿急的现象。因此，可以说，人在情绪过分紧张时，往往就会有尿频的现象。由此可以看出，及时排尿可以在一定程度上使训练者产生愉快感，从而较好地放松心理和肌肉。

（4）音乐调节法 音乐调节法就是通过让训练者选听不同的音乐激发其兴奋，使其镇定的方法。音乐给予人的"声波信息"，能够使大脑所产生的紧张得到有效的消除，同时，音乐对于人内在注意力的集中也会起到积极的帮助作用，从而保证大脑的思想井然有序，进而达到调节情绪的良好效果。

（5）自我暗示放松法 自我暗示放松法就是通过自我默念和暗示等方法来达到放松心情的方法。这种调节心理紧张的方法，往往是在教练员的指导下，让训练者依次将身体的各个肌肉群进行放松，同时使呼吸有所增强，经过几次指导，待训练

者掌握一定的方法技巧后，让训练者自己独立完成。通常情况下，训练开始时需要花费较长的时间才能达到全身放松，之后会使时间逐渐缩短，最后可用较少的时间就能够达到使全身肌肉得到放松的目的。

3.注意分散的调控方法

注意分散现象是由于训练过程中出现一种能够引起不随意注意的客观事物时，常会对训练者的注意力进行吸引而造成的。注意分散对训练起着较大的影响，如果不加以注意，往往就会造成运动员的损伤。常用的对注意分散进行调控的方法有以下几种。

（1）加强培养训练者平时应对不为其他念头或事物干扰所分心的能力。

（2）当一个人对某件事具有足够的兴趣时是不容易分心的，因此可以使训练者对所从事的训练活动产生强烈的愿望和浓厚的兴趣，以吸引其集中注意力。

（3）在训练时，引导训练者将注意力集中在训练过程上，而不是训练结果上。

（4）可以采用视物法进行调控。即集中注意力看一个目标，然后闭上眼，对这个目标形象进行努力回忆，多做几次，直至目标在头脑里清晰地再现为止。

（5）可以采用看表法进行调控，即集中注意力看手表秒针的转动，并且将每次持续的时间记录下来，每次练习不少于3次，持续时间以超过5分钟为好。

（6）可以采用辨音法进行调控，即在嘈杂的环境中，让运动员对钟表走时发出的嘀嗒声音进行辨别，并且将听见的次数记录下来，以10分钟为限。这种方法对于集中运动员注意力能够起到良好的调控效果。

4.消极情绪的调控方法

消极情绪是训练者在激烈竞争的刺激下，对超限心理负荷所产生的一种失常的心理体验。消极情绪会表现出不安、恐惧、紧张过度和情绪失控等状况，同时，这些状况会使训练者表现出一定征象，较为常见的征象有呼吸困难、心跳加快、四肢无力等，严重者还会出现智力下降、知觉迟钝、行为刻板等生理现象，最终使训练者对比赛失去信心。因此，一定要采取相应的措施克服消极情绪，常用的方法有以下几种。

（1）激励法　以训练者个性与客观影响为主要依据，对训练者的士气起到激发作用，并且将消极情绪转化为积极情绪的方法。

（2）转移法　通过使用一些刺激物去消除引起消极情绪的诱因，缓解和排除消极情绪的方法。特定的思维定式和注意定向往往会导致训练者产生恐惧、不安和紧张，因此，消极情绪的调控需要对受训者注意力进行转移。

（3）升华法　在进行体能训练时，常常会出现这样一种现象，就是训练者的某些"能量"在一定场合下释放得恰到好处，可是在另一种场合下却适得其反。举例说明，勇气是训练者必须要具备的一种品质，但是，盲目使用勇气，往往会使训

练者在某些场合下做出单凭蛮劲的事情。在这种情况下，就可以运用升华法，提高训练者的认识，进一步增强其克制力，进一步规范自己的行为。

（4）暗示法　利用客观刺激物调节训练者心理的方法。这里所说的有效地调控消极情绪的暗示法主要指的是积极的客观刺激。比如，在比赛中，教练员的从容表情、轻松的语言及和蔼的态度等，都会对训练者产生一定的鼓舞，有效缓解和消除训练者的消极情绪。除此之外，训练者也可以通过自我暗示的方法，通过指导语的运用，有效调节中枢神经系统的兴奋与抑制，从而形成一系列反射活动，进而对消极情绪进行有效控制。

（5）体验法　消极情绪的训练者通过参加训练去体验克服恐惧和紧张的方法。通过体验法的运用，能够有效提高训练者对恐惧、紧张的免疫力，有效抑制消极情绪的产生。

5.心理淡漠的调控方法

心理淡漠的产生与多种因素有关，最主要的因素是由于训练者大脑皮层兴奋过程下降、抑制过程加强。训练者心理淡漠，往往会表现出情绪低落、意志消沉、精神萎靡、体力下降，对训练缺乏信心，知觉、注意力强度减弱，反应迟钝等症状。心理淡漠的常用调控方法有以下几种：①帮助训练者端正比赛的正确态度；②帮助训练者对其心理淡漠的情况进行深入的分析，并且制订可行性方案，以提升自信心；③防止过度训练，使训练者情绪高涨，以饱满的热情参加训练。

第四节　田径常见运动损伤及其处理

运动损伤是指在体育运动过程中所发生的各种损伤。它的发生与运动训练安排、运动项目与技术动作、运动环境与条件等因素有关。通过总结运动损伤发生的原因、治疗效果和康复时间等，可为改善运动条件、运用正确方法训练等提供科学依据和指导。

一、运动损伤的原因

1.运动损伤预防意识薄弱

在进行体能训练时发生运动损伤，与运动员的运动损伤预防意识薄弱有关。在田径体能训练中，运动损伤发生的原因往往是没有积极地采取各种预防措施。特别是对于青少年来说，由于他们缺乏一定的经验，思想上往往麻痹大意，在进行体育锻炼时往往是盲目或冒失的，还有些时候会情绪急躁、急于求成，往往不遵循循序渐进、量力而行的原则。除此之外，他们在练习中产生的困难、恐惧、害羞等因素，也会使他们出现犹豫不决、过分紧张等不良情绪，从而造成运动损伤。

2.体能训练安排不合理

在进行体能训练时，体能训练安排不合理是导致运动损伤的重要原因之一。通常，不合理的训练安排主要体现在准备活动不足、运动负荷过大、运动项目选择不当、运动组织方

法不当等几个方面。因此，在进行体能训练前，首先要了解运动员的身体状况，并根据科学的运动水平检测来选择适宜的运动量。

3.外界环境因素干扰

外界环境因素大致可以分为两个方面：一个是场地器械方面的因素，另一个是气温环境因素。导致运动损伤发生的场地器械方面的因素主要包括以下几个方面。

（1）运动场地不平，有碎石或杂物，运动员容易摔倒。

（2）跑道太硬或场地太滑，沙坑太硬或有石块，如果不经检查就使用，会给运动员造成损伤。

（3）器械维护不良或年久失修造成运动时断裂，这种原因导致的损伤较为严重。

如果有器械安装不牢固的情况出现，就会导致练习时出现倒塌；另外，如果器械的高低、大小或重量与锻炼者的体格和体能要求不相符合，再加上没有在练习时采取适当的保护措施，运动员的着装不合适等都可导致运动损伤的发生。

气温环境因素主要包括以下几个方面。

（1）气温过高是导致疲劳和中暑发生的主要原因。

（2）气温过低，往往会发生冻伤或由于身体协调性降低而引起肌肉和韧带损伤。

（3）潮湿高热容易使运动员出汗量增多，从而导致肌肉痉挛或虚脱的出现。

（4）光线不佳会影响运动员的视力，使其兴奋性受到影响，造成反应迟钝。

除此之外，有害气体的污染也是导致运动损伤发生的重要因素。

4.慢性劳损或患病史所致

慢性劳损是运动员身体局部过度活动、长期负重或者某部位受到持续、反复的外力作用而造成的慢性积累性损伤，这在老队员的伤病因素中最为明显。慢性劳损致病多发生于人体活动枢纽的腰部和反复受到牵拉、应力作用的髌骨，具有病因较难去除、伤病不易治愈和队员不能停训的特点。慢性劳损还和不科学的运动训练、新伤治疗不彻底以及重复受伤有关。针对过去有相关病史的运动员，要先咨询医生，根据自己的身体情况来确定是否适合参加田径运动项目，运动是否对自己的身体具有再次伤害的可能性，无诱发或再伤害可能的情况下是否会影响运动发挥等。

5.运动员缺乏医务监督

有些运动员由于对自身条件的认识不充分而选择了不适宜自身的运动项目，结果造成运动损伤的发生率偏高。例如，在年龄偏大的运动员中，采用蛙跳来增强腿部肌肉力量，运动负荷安排过大，就容易出现膝关节损伤；进行柔韧性练习时，韧带肌肉被动过度拉伸会造成肌肉撕脱。因此，训练要科学，选择适合于自身条件的运动，运动者必须在训练前进行体检及运动功能评定，以便为教练员提供科学的信息从而合理安排锻炼。缺乏医务监督也是导致运动损伤的重要原因之一。

二、运动损伤的处理

1. 常见急性损伤处理方法

（1）挫伤　挫伤是指在钝重器械打击或外力直接作用下使皮下组织、肌肉、韧带或其他组织受伤，而伤处皮肤往往完整无损或只有轻微破损。发生挫伤后，以疼痛、肿胀、皮下出血和功能障碍等症状为主。

处理方法：受伤后应马上进行局部冷敷、外敷新伤药等，适当加压包扎，并抬高患肢，以减少出血和肿胀。肱四头肌和小腿后群肌肉的严重挫伤多伴有部分肌纤维的损伤或者断裂，组织内出血形成血肿，应将肢体包扎固定后，迅速送医院诊治。头部、躯干部的严重挫伤可能伴有休克症状，应认真观察呼吸、脉搏等情况，休克时应首先进行抗休克处理，使伤员平卧休息、保温、止血，疼痛严重者可口服可卡因或者肌肉注射哌替啶，并立即送医院诊治。

（2）肌肉拉伤　肌肉拉伤指肌肉主动强烈地收缩或被动过度地拉长所造成的肌肉细微损伤，肌肉部分撕裂或完全断裂。肌肉拉伤后表现出的症状为：局部疼痛、压痛、肿胀、肌肉发硬、痉挛、功能障碍。如果肌肉断裂，伤员受伤时多有撕裂感，随之失去控制相应关节的能力，并可在断裂处摸到凹陷，在凹陷附近摸到异常隆起的肌肉断端。

处理方法：肌肉拉伤时应立即采用镇痛喷雾剂等进行局部冷敷，加压包扎，并把患肢放在使受伤肌肉松弛的位置，以减轻疼痛。肌纤维轻度拉伤及肌肉痉挛者，用针刺疗法会取得良好的效果。肌肉、肌腱部分或完全断裂者应在局部加压包扎，固定患肢后，马上送医院诊治，必要时接受手术治疗。通常拉伤48小时后才能按摩。

（3）关节、韧带损伤

① 指间关节扭伤。出现急性损伤时，表现出的症状一般有：疼痛剧烈、关节周围红肿、运动功能发生障碍、局部压痛等。如果出现一侧韧带断裂的情况，就会导致轻度侧弯畸形和异常的侧向运动出现；如果发生了关节脱位，就会出现伤指向背侧曲折成畸形的情况。通过X光检查，可以看见指骨基底部的撕脱性骨片。

处理方法：如果是急性指间关节扭伤，要立即进行冷敷，然后局部外敷新伤药并固定，如果出现指间关节韧带断裂的情况，就应将伤指屈曲位固定3周。另外，可以用粘膏带将伤指与患侧邻近的健指做一个环形的固定，但是，如果拇指、小指尺侧和食指桡侧韧带均出现断裂，就必须用夹板固定。如果伤情较为严重，比如指间关节韧带断裂后侧向变形比较明显或撕脱骨片嵌入关节时，应及时通过手术进行治疗。

② 肘关节内侧软组织损伤。出现急性损伤时，表现出的征象主要有疼痛，肘关节伸展运动受限，局部微肿、压痛等。如果出现组织断裂，就会表现出皮下瘀斑、关节肿胀明显、轮廓不清等征象。如果是慢性病，往往会在准备活动后疼痛消失，重复损伤机制中所述的受伤动作时疼痛，在完成动作时，往往会出现"软肘"现象。

处理方法：如果是急性损伤，应该采用的处理措施是在损

伤局部立即用氯乙烷或冰袋进行冷敷，然后加压包扎，并屈肘90°角，使用三角巾悬吊固定。伤后24小时，可外敷新伤药或用泼尼松与普鲁卡因混合液进行痛点注射等。另外，需要强调的是，肘部急性损伤后运用按摩治疗时，一定要慎重处理，防止加重病情。同时，由于肘关节附近的损伤常可并发外伤性骨化性肌炎，因此，局部被动暴力活动不宜采用。

③肩关节损伤。发生急性肩袖损伤时，在肩的外侧往往会产生一定的疼痛感，部分患者的疼痛会向三角肌止点或颈部放射，部分患者会在夜间有加剧疼痛的现象。另外，该损伤会在一定程度上限制肩关节的活动，主动或被动地使上臂外展至60°～120°或内外旋转时会出现疼痛。当手臂从180°角上举位放下时，同样在60°～120°之间，也会有疼痛产生。

处理方法：急性期上臂置于外展30°位置，适当休息，理疗、针灸、按摩、外敷中药或痛点封闭。按摩可以用推、揉、搓、滚等手法，配合选用曲池穴、阿是穴等，最后活动运拉肩关节和上肢。如果怀疑有肌腱断裂者，需进一步的检查和处理。

④膝关节胫侧副韧带损伤。在发生膝关节胫侧副韧带损伤后，后膝内侧部会突然出现剧烈疼痛，关节强迫于屈曲位，腘绳肌产生保护性痉挛，拒绝任何活动，勉强用足尖行走。如不损伤关节内结构，轻中度韧带损伤一般不会引起胯关节肿胀，经过简单固定即可继续参加比赛；严重的内侧副韧带损伤，特别是合并有半月板损伤、交叉韧带损伤或关节骨折，膝关节可出现关节肿胀、积血，功能障碍。

处理方法：损伤早期主要防止损伤加重，积极固定、止痛。局部立即给予氯乙烷麻醉、降温或冷敷，用松软敷料及弹性绷带加压包扎止血固定，抬高患肢，减轻肿胀。3天后局部热敷或应用中药外敷，并进行股四头肌训练；3周内局部支持带或支具辅助下扶拐杖行走；6周后去除支具或拐杖，可做适度膝关节屈伸活动或渐进性抗阻锻炼；3个月后恢复日常活动，如患膝疼痛、肿胀明显，外翻应力试验阳性，X线片显示有骨折，原则上需手术修复。手术修复断裂的韧带止点或缝合撕裂的内侧副韧带，术后康复训练。合并内侧半月板及前交叉韧带损伤者，也需手术修复。

⑤ 踝关节扭伤。在发生踝关节扭伤后，伤处疼痛、肿胀，韧带损伤处有明显压痛和皮下瘀血。

处理方法：发生踝关节扭伤后应立即用冷水冲洗或冷敷，用绷带固定包扎，并抬高患肢。24小时内不得按摩、热敷。24小时后根据伤情进行中药外敷、理疗、按摩等治疗。

⑥ 跟腱断裂。跟腱断裂足部表面无异常现象，但有剧烈撕裂疼痛，丧失足部活动能力，是一种非常严重的运动损伤。

处理方法：发生跟腱损伤，应快速用冷水、冰块冷敷，固定踝关节，抬高患肢，送医院处理。

（4）腰扭伤　腰扭伤在举重、跳水、投掷、体操中最容易发生。在一些体育活动中，腰部的肌肉还没活动开就拉伸过度，或是负荷重量过大、强行用力、脊柱过度前屈，都会造成腰扭伤。

处理方法：发生腰扭伤后，要停止活动，立即休息。如果容易反复发作留下病根，变成慢性腰腿痛。躺在床上休息时，为了使腰部的肌肉放松，腰下可垫个薄点的软枕头，以减轻疼痛。腰扭伤后，用热敷疗法较好，并注意适当加强背肌练习，也可去医院接受治疗。

（5）髌骨劳损　导致髌骨劳损发生的主要原因有跑跳过多、膝关节长期负担过度或反复微细损伤的积累等，局部遭受一次撞击和牵扯也会导致髌骨劳损的发生。在发生髌骨劳损早期或者症状较轻者，进行大运动量训练后，患者会有膝痛和膝软的感觉，但经过一段时间休息后，症状会有所缓解。随着病变的进展，疼痛会有所加重，准备活动后症状又会有所减轻，训练结束后会出现加重的情况，严重者走路和静坐时也会感觉到痛，髌骨尖、髌骨周缘有压迫痛，膝关节伸膝至 $110°\sim150°$ 之间有较为明显的疼痛感。

处理方法：如果能较好地运用登台阶法、直抬腿法、髌骨抽动法、高位静力半蹲法等，往往能够得到较为理想的治疗效果。中药外敷、理疗、中药渗透或直流电导入、针灸、按摩等措施也可以适当采用，能够起到一定的辅助治疗效果。长期保守治疗无效，症状加重的髌骨劳损者，应及时进行手术治疗。

（6）运动性昏厥　在田径运动中，尤其是在一些耐力和速度项目中，激烈运动会引起呼吸、心跳骤然停止，造成血液循环停止。如果抢救不及时，很容易造成永久性损伤或死亡，因此，要想较好地抢救运动性昏厥患者，就一定要争分夺秒地进行心肺复苏术，通过人工呼吸和胸外心脏按压，来使血液循环恢复，从而尽可能地避免伤亡。

2.常见的慢性损伤处理方法

（1）滑囊炎　凡摩擦频繁、压力较大的部位几乎都有滑囊存在，其主要作用是减少摩擦力。滑囊炎是局部运动量过大而引起的一种不适应性炎症反应，有疼痛和压痛感，多发生于手腕、掌指关节、脚踝后部、肩前部等部位，是体育运动中常见的一种劳损性伤病。有炎症的关节附近会出现一个疼痛包块，大小不定，运动受限各异，表浅者可扪及边缘并测出波动，穿刺可得浅黄色、透明、比较黏稠的液体。

处理方法：抽吸出滑液，注射醋酸泼尼松类药物于滑囊内，并加压包扎即可，疗效较好，但易复发。非手术治疗无效且影响训练或日常生活者，考虑手术切除病变滑囊。

（2）腱鞘炎　腱鞘炎产生的原因是肌腱与腱鞘长期、快速、用力的摩擦使两者发生损伤而水肿，同时发生腱鞘炎和肌腱炎；炎症发生时，鞘管相对狭窄，压迫其中的肌腱，反复发作的水肿则会引起腱鞘和肌腱增生。鞘管本来就很小，增生的腱鞘会压迫肌腱，使肌腱水肿、增生，呈葫芦状肿大，阻碍肌腱的滑动，运动时会有弹响或闭锁发生。最开始发生腱鞘炎的部位在早晨起床时会发僵、疼痛，在活动一段时间后会症状会消失。如果没有得到患者的重视，发生腱鞘炎的部位会出现持续的发僵和疼痛，严重者有弹响或闭锁，患处局部压痛。若部位表浅，可扪及一个压痛性结节，该结节随肌腱滑动，并可感到弹响由此处发出。

处理方法：腱鞘炎发病早期应注意患肢休息、局部制动、理疗，直到症状完全消失。上述治疗无效可以用甾体抗炎药

（如曲安奈德）局部封闭，以减轻局部炎性反应。局部封闭注射每周1次，3～4次为1个疗程，同时配合理疗。症状完全消失后可逐渐开始恢复训练，但要注意正确的训练方法，避免致病因素，才能防止复发。病情严重者，终日疼痛或闭锁不能解除时，需手术切开狭窄的腱鞘。

（3）肌肉痉挛　运动性肌痉挛可能与多种因素有关。如在田径运动中，运动会导致肌肉快速连续性收缩，导致肌肉收缩与放松的协调交替关系破坏，局部肌肉处于疲劳时，大量乳酸堆积，更易发生肌肉痉挛；运动中大量排汗，使电解质丢失太多，也易发生肌肉痉挛；还有的因准备活动不够，或因情绪过于紧张，也会引起肌肉痉挛。当机体的某个部位发生肌肉痉挛时会出现剧烈的疼痛，局部肌肉变硬，可持续数分钟，缓解后易复发。

处理方法：轻度的肌肉痉挛，只要向相反的方向牵引痉挛的肌肉，一般可以缓解。牵引时不可使用暴力，用力宜均匀、缓慢，以免肌肉被拉伤。此外，还可配合局部按摩，重力按压、揉捏和点掐或针刺痉挛肌肉的相关穴位。如腓肠肌痉挛时，可点掐或针刺委中、涌泉等穴位。严重的肌肉痉挛有时需采取麻醉才能缓解，处理过程中需要保暖。

（4）腰部肌肉筋膜炎　即腰肌劳损，其病理改变多种多样，其中，最主要的包括筋膜、神经、血管、肌肉、脂肪及肌腱的附着区等不同组织的变化。一般情况下，大多为急性扭伤腰部后，由于没有经过彻底的治疗就参加运动，逐渐劳损所致的。另外，导致腰部肌肉筋膜炎的原因还有锻炼时出汗受凉。

该损伤发生后，往往会表现为局部酸痛发沉等自发性疼痛，腰椎3、4、5两侧骶棘肌鞘部是常见的疼痛部位，不少患者同时感觉有痛麻放射到臀部大腿外侧；大部分患者尚能坚持中小运动量的锻炼，练习前后疼痛是较为常见的表现；在脊柱活动中，尤其是前屈时常在某一角度内出现腰痛。

处理方法：可采用理疗、按摩、针灸、封闭、口服药物、用保护带及加强背肌练习等非手术治疗手段。对顽固病例，可手术治疗。

三、预防措施和建议

1.对运动员做好安全教育工作

运动员要注重做好准备活动。准备活动不仅能够提高肌肉的温度，还可以帮助克服人体的惰性，保证人体迅速进入工作状态，加强体内新陈代谢的过程，减少肌肉活动的黏滞性，提高肌肉的力量和弹性，促进关节囊内滑液的分泌，使关节的活动范围加大，因此运动员在体育训练和比赛前做准备活动非常重要。教练员要让运动员认识到做好准备活动对于预防运动损伤的重要作用，同时要明确准备活动的内容、活动的范围、活动强度和运动量。

2.教育运动员学会控制情绪

运动员往往因为在某一次练习或比赛中发挥不出好成绩或者因成绩不理想而导致心理失控，从而做出一些不必要的、多

余的动作，打乱原有的动力定型而导致失误，且可能因此而受伤。教练员要经常对运动员进行教育，让他们学会控制自己的情绪，以减少无谓的伤害。

3.教会运动员学会自我保护

教练员要经常提醒运动员检查场地和设施，以消除不安全的隐患，要让运动员学会自测身体状况，了解运动性疲劳的现象和症状，并及时和教练员进行沟通，以免因为局部负荷过重而受伤。同时，还要培养运动员应付环境和突发事件的应变能力。

4.适宜的场地和设备

对运动员来说，鞋的适宜程度意味着损伤风险的高低。不适宜的鞋会引起脚的应力损伤或结构变形，还能导致力学关系的紊乱和姿势的不正确，从而产生肌肉、关节功能障碍。因此，运动员要选择大小合适的运动鞋，且运动鞋的缓冲性能和控制脚的性能良好。另外，训练场地的硬度、弹性要适当，比如力量训练（特别是大力量训练）要有有效的安全保护措施。

5.要加强对运动员心理因素的培养

运动员需要对训练和比赛进行必要的心理准备，以降低损伤的风险。首先，心理教育要以预防为主，教育运动员对新动作、难动作要有足够的重视，对比较危险的动作要集中注意力，认真完成；对于相对简单的动作或练习也要保持一定的警觉性。其次，对已经受伤的运动员也要进行心理疏导，这是因为伤病不仅会对运动员的身体造成伤害，也会对运动员的心理造成伤害。受伤的运动员会有沮丧、恼怒、挫败等情绪，伤病越严重，恢复期越长，情绪不安的可能性越重。

6.科学训练，合理安排

运动训练的实验证明运动量安排的不合理，不仅不能提高运动成绩，还会造成运动损伤。过大、过激的运动量超过了人体运动器官的承受能力，在这种情况下进行训练容易引起运动员的身心疲劳（特别是青少年运动员），因为疲劳与神经中枢有关，中枢神经系统如果得不到较好的休息，运动员的运动能力就会明显下降。这种运动能力的下降主要表现为训练时注意力不集中、警觉性减退、防御反应迟钝，从而成为运动员产生运动损伤的诱因。因此，运动量的安排要合理，运动量的大小与增减，既要贯彻循序渐进的原则，又要因人、因时而异，要给运动员足够的睡眠和休息时间以进行必要的恢复。

进行力量训练时，运动员、教练员的思想要高度集中。力量训练过程中，如果运动员的思想不集中，就容易造成运动损伤。有的运动员在力量训练时由于技术动作不正确，也会出现运动损伤。

第三章
竞走

　　竞走是在普通走的基础上发展起来的田径运动项目，是国际田径比赛的组成部分。

　　竞走作为一项比赛项目，是19世纪初首先在英国出现的。1904年，竞走运动传入我国，最先在上海举行竞走比赛。中华人民共和国成立以后，竞走运动开展得比较少，也不普及。20世纪80年代以后，我国竞走运动的技术水平取得了飞跃的发展，1983年，我国第一次派队参加了国际田联竞走世界杯赛，一举夺得了女子团体冠军。徐永久荣获个人冠军并以45分13秒4的优异表现创造了当时的世界最好成绩。之后，我国选手曾多次夺得亚洲和国际竞走大赛的桂冠，并创造和刷新多次亚洲和世界纪录。竞走运动已成为我国的传统优势田径项目。

　　奥运会、世界田径锦标赛和世界杯竞走赛已确定的正式比赛项目为三项：男子20公里竞走、男子50公里竞走和女子20公里竞走，均为公路上举行。

第一节　竞走运动技术

　　国际田径联合会对竞走的定义是："竞走是运动员与地面保持接触，连续向前迈进的过程，没有（人眼）可见的腾空。前腿从触地瞬间至垂直部位应该伸直（即膝关节不得弯曲）"。因此，竞走技术必须遵循上述规则，即不允许出现双脚同时离地，脚着地瞬间支撑腿必须伸直。

一、竞走技术的主要特征

　　现代竞走技术经历了一系列的演变过程，竞走训练方法的创新、竞走运动技术的提高，以及竞走规则的改变，促使竞走运动技术也在不断改进和完善。竞走技术的特点主要表现为身体重心的移动更趋直线性，脚着地迅速而柔和，前腿从触地到身体垂直都是直腿支撑，动作自然，节奏感强，骨盆适度转动，并保持步长与步频的协调配合。优秀的竞走运动员通常具有110～120厘米的步长和每分钟200～210步的步频。在比赛中保持一定的速度、高度的技术稳定性，以及合理的体力分配，是比赛成功的关键，也是竞走运动的发展方向。

二、竞走的技术动作阶段

竞走的技术动作共分成五个阶段：前支撑阶段、后支撑阶段、后摆阶段、前摆阶段和双支撑阶段。

前支撑阶段是从前腿的脚跟着地支撑瞬间开始，到支撑腿位于身体重心下方的垂直支撑时。在此阶段中，支撑腿的膝关节不能弯曲。

后支撑阶段是从支撑腿位于身体重心下方的垂直支撑时开始，到支撑腿蹬离地面瞬间。此阶段的重要性在于支撑腿的有力蹬伸决定了运动员的步长和速度。支撑腿从脚跟滚动至脚尖的动作可以保证更长的脚触地时间。

双支撑阶段是前脚在后脚蹬离地面前着地支撑的极短瞬间，这表明符合竞走规则，是正确的竞走技术，保持双支撑是竞走的特征。腿和臂的最大摆动幅度应以保证双脚支撑为度。

后摆阶段是从后腿的脚尖蹬离地面瞬间开始，到腿前摆至垂直支撑位置时。此阶段中，腿应顺惯性前摆，脚接近地面，以便获得放松和恢复。

前摆阶段是从摆动腿的垂直位置开始，到脚着地支撑瞬间。此阶段运动员应注意防止步长过大，出现身体重心过低，从而导致动作的过分紧张和体能消耗的增加。

正确的髋部技术表现为髋关节的上下运动。当前腿的脚后跟接触地面的瞬间，同侧髋关节处于最低点；当支撑腿处于垂直支撑时相，髋关节处于最高点。髋关节在上下运动的同时伴随着髋关节的水平运动而出现髋关节的转动，运动员脚的着地点应保持在一条线上。运动员腿前摆着地的同时，同侧髋关节的前移带动了同侧腿的向前摆动，可以加大脚前伸的距离，从而获得较大的步长。

三、竞走技术动作分析

1.头部和身体动作

头部保持正直姿势，颈部放松，双眼平视前方。躯干保持正直，在后蹬阶段，身体可前倾2°～3°，正确地身体前倾可以协助后蹬并减少身体垂直方向的波动。

2.手臂和肩部动作

两臂的有力摆动和肩部运动有利于协调身体运动，维持平衡。手臂在肘部弯屈呈90°，沿身体的两侧做前后有力而放松的摆动。注意，前摆时不要超过身体中线，前摆手摆到下颌；后摆时，肘部稍向外，上臂接近水平。为了保持身体平衡，左右臂摆动要协调一致。

3.髋部动作

髋部主要绕垂直轴为主做前后转动，其目的是增大步长。实践证明，较好地髋部运动可以使单步步长增加约20厘米，这也是竞走中最重要的技术环节。

4.腿部动作

当支撑腿离开地面后，变成了摆动腿，其大腿做有力地向前摆动，膝关节放松。当摆动腿到达身体垂直位置时，同侧的髋和肩稍下沉。之后，小腿随大腿的摆动作惯性积极向前摆动，以足跟领先着地。根据竞走规则规定，当摆动腿的脚接触地面变成支撑腿时，应尽快伸直膝关节，以符合规则要求。

5.脚部动作

脚的着地方法是前脚的足跟先着地并平滑地滚动至全脚掌，之后过渡到脚尖。良好的滚动技术需要通过脚和踝关节的专门练习来提高和完善。两脚的落点必须沿一条直线。脚在摆动过程中，应始终保持低摆动，以利提高动作速率及减少犯规。

四、竞走运动的常见错误解析

在田径运动中，竞走项目是技术性比较强、技术要求比较高的一类。在各项比赛中，运动员因为技术犯规而被罚下的场景屡见不鲜。竞走技术不难掌握，日常训练中要有意识地强化和保持，以避免在比赛中因体能下降、激烈竞争以及环境变化而导致技术变形、比赛失败。接下来主要介绍竞走运动的常见错误，以期规避。

1.错误的姿势

（1）腰部向前弯曲　这种姿势使后背紧张并限制了髋部的运动。可能是由于肌肉力量减弱或者躯干肌肉力量失调造成的。

（2）前（后）倾　整个身体过分地向前或向后倾斜。这些都是潜在的、有害的错误动作，并减弱了力学效果。

（3）凹背　这种姿势限制了髋部的运动，并且使身体重心后移。另外，它也可能缩短步幅，并导致违规迈步，这可能是由于肌肉力量减弱或者是后背或腹部肌肉紧张造成的。

（4）低头　通常由缺乏注意力或者颈部肌肉力量减弱引起，容易导致颈部和肩部痉挛。

2.错误的髋部动作

（1）髋部过分下沉　现代的竞走技术重视没有髋关节过多上下运动的转髋技术。

（2）髋部过分侧向运动　如髋部从左向右运动，人体的重心将随之运动，这将降低向前运动的速度，并浪费能量。

3.错误的步长动作

运动员不能直接靠用脚伸出超越身体之前太远而试图达到增加步长的目的，因为它会引起跨大步。把握好髋部动作才能走出理想的放脚姿势，如果一名竞走运动员在没有正确掌握髋部动作的情况下试图模仿这种放脚姿势，他将处于一种不必要的紧张状态。

4.错误的摆臂动作

（1）过分左右摆臂，这会引起重心左右摇摆并浪费能量，这是由错误的运动技术、技能引起的。

（2）肘关节角度小于45°，这可能导致小步幅和浪费能量的上下运动，往往会因疲劳增加而失败。这是由错误的运动技

术和注意力不集中引起的。

（3）肘关节角度太大，肘关节的角度太大会导致步频较慢。

5.错误的膝关节动作

（1）前腿膝关节在腿达到垂直部位之前弯曲，属于违规动作。这可能是由于运动员想以较快的速度走，超出了自己的身体素质水平所能维持的范围。

（2）脚跟着地时屈膝，这是由于在体前迈步过大，股四头肌力量不足以及与跟腱紧张或力量弱造成的。

（3）前腿膝关节摆动过高，会浪费身体能量，并且可能导致非法迈步。它通常是从跑的动作中遗留下来的习惯。

6.错误的脚部动作

前脚掌着地太早或全脚掌着地，这将产生一种制动作用，既浪费了能量，又缩短了步幅，且会引起膝关节过早弯曲。这可能是胫外侧肌力量不足、柔韧性差、髋关节的灵活性差造成的。

第二节　竞走技术训练

步长与步频是决定竞走运动成绩的主要因素。目前的普遍观点认为，每个人的步长受人体因素以及竞走技术的限制，竞走的步长只能保持在一定范围内，没有多大的潜力可发掘，而频率明显地影响着竞走运动成绩的提高。因此，在步长与步频的两个因素中，发展步频是提高竞走运动成绩的主要因素。

训练中不仅要在保持适宜步长的前提下继续努力提高步频，而且要改善比赛全程中步长、步频的稳定性。同时，比赛中保持高度的技术稳定性、合理的体力分配和速度，对于个人成绩的好坏也非常重要。

竞走技术训练是整个训练的一个组成部分。运用的方法手段有场地或公路的匀速走、加速走、匀加速走、变速走、反复走、定时走、比赛速度走等各种技术练习。为了改进和提高竞走技术，可以多采用专门练习手段。

一、竞走技术训练中的难点浅析

竞走技术难点在于既要保持比赛中的高速前进，又不能违反竞走规则。基于此，竞走的技术应在高速比赛中表现，而能力又要在不改变技术的前提下体现出来。

竞走运动的技术难点主要有以下几个方面。

1.摆动腿脚着地瞬间膝关节不能充分伸直

这是大部分青少年运动员存在的突出问题。前摆技术是现代竞走技术中的一个关键环节，那种认为在脚着地过程中只要有一瞬间的伸直（垂直部位）即已达到了技术要求是错误的。现代竞走技术应该在摆动腿脚着地瞬间膝关节就应该充分伸直至垂直部位，整个过程应都是伸直的。为了达到这一技术上的要求，必须加强腿部力量的训练，特别是胫骨前肌的力量和踝

关节灵活性的训练。

2.摆动腿脚着地点与身体重心投影线之间距离太近

这一错误会产生那种高重心、短步幅和高频率的技术。这种技术省力，易出成绩，但存在着极大的被判罚的危险性，不符合竞走现代技术的发展特征。

3.人体总重心垂直位移过大

优秀运动员身体总重心垂直位移一般在4～6厘米，垂直位移过大会导致出现明显的腾空现象。造成这一状况的主要问题是脚着地点距重心投影线过近，前蹬位移过小，前蹬角与后蹬角过大。因此，在训练中一方面应注意脚的着地点距重心投影线要适宜，另一方面为了减少后蹬角度，在后蹬阶段要注意膝关节的充分后伸和踝关节的充分伸屈，避免在前摆时高抬膝和用全脚掌甚至用前脚掌着地。

总之，由于对竞走技术有特定要求，所以竞走技术训练更具有重要意义。特别是青少年运动员，先进、完美的竞走技术是提高运动成绩的保证。而竞走技术又是在长期的训练中形成与巩固的，所以技术训练应贯彻在整个竞走训练过程中。

二、竞走技术训练的方法

1.竞走技术训练的原则

技术训练的目的是改进和提高技术。改进竞走技术可分为整体改进技术和部分环节改进技术。我们也要清楚认识到，每个运动员都具有个人技术上的差异，个人的技术练习取决于个体技术与规范技术相比所具备的现有技术水平。

竞走是一项周期性运动，各肌群间的协调能力有利于用力和放松时的主动肌群与被动肌群的协作。此外，竞走节奏的改进也是非常重要的。个人技术节奏的提高必须与上面提到的有关条件匹配，如训练的负荷必须根据个人的技术水平进行调整。

2.竞走技术训练的步骤

（1）初步学习竞走技术阶段　精细体会和模仿竞走技术，速度要慢，以体会肌肉感觉及建立正确的技术概念；初期可选择距离为50～80米的段落练习。待初步掌握技术后，延长为100～200米。

（2）初步掌握技术动作要点阶段　学习和练习竞走的腿部动作、脚跟着地滚动、前摆小腿伸直膝关节等，学习骨盆绕垂直轴的前后转动技术，学习摆臂技术和上下肢的配合。距离由100～200米延长至300～400米。

（3）基本掌握竞走技术阶段　通过各种中慢速度竞走，初步掌握竞走的完整技术，建立正确的技术定型；采用各种专门练习和专项素质练习，纠正错误动作，改进竞走技术。

在这个阶段，要注意动作的整体配合，动作要自然放松并符合规则；反复练习，增加负荷量，以提高竞走技术的正确性和熟练程度。距离为200～400米。

（4）巩固提高竞走技术阶段　通过中速和快速竞走、变速竞走、上下坡竞走等，巩固提高竞走技术；做好竞走比赛和各

方面的准备训练，学习技战术方案的制定和实施，以及各种意外情况的应对解决和心理准备。

3.竞走技术训练的专项练习

（1）原地摆臂练习　体会手臂在肘部弯曲90°，沿身体的两侧做前后有力而放松的摆动。要求，前摆时不要超过身体中线，左右臂摆动幅度要一致，前摆手摆到下颌，后摆时，肘部稍向外，上臂接近水平。

（2）原地转髋练习　体会骨盆绕垂直轴为主作前后转动，采用推拉助力法，帮助髋前后转动。

（3）原地摆臂配合转髋练习　体会两臂的有力摆动和骨盆绕身体前后转动，以协调配合，维持平衡。

（4）原地交叉走练习　体会小腿随大腿的摆动惯性积极摆动，带动转髋，以足跟领先着地技术。

（5）原地伸屈踝练习　体会踝关节的伸屈和脚着地的柔和滚动。体会小腿胫骨前肌用力的感觉。

（6）双支撑跳练习　体会骨盆绕垂直轴的前后转动，改善足跟与足尖的交替着地技术及身体的协调性。

（7）仰卧摆腿练习　体会两腿的直腿摆动速度和幅度，提高腿的动作速度和频率。

（8）转髋过栏练习　体会髋部转动，改善髋的灵活性与柔韧性。

（9）足跟走　学习和掌握足跟先着地并平滑地滚动至全脚掌的技术，体会脚一着地腿伸直的肌肉感觉。

（10）小步走　学习和掌握竞走的摆臂与腿部动作的协调

配合，强调腿着地伸直技术。

（11）大步走　学习和掌握髋部绕垂直轴为主做前后转动，以提高步长。感觉瞬间的双脚支撑技术。

（12）"8"字竞走　学习和掌握身体适当倾斜，骨盆前后转动及左右脚蹬地和左右臂摆动的幅度和力量的变化。

（13）交叉竞走　改善和提高骨盆绕垂直轴为主做前后转动及竞走的完整技术练习。

（14）直线竞走　强调两脚的落点必须沿一条直线上，掌握脚在摆动过程中，应始终保持低摆动技术。

（15）上下坡竞走　学习和掌握根据坡度的情况，身体做适当倾斜，调整步幅和频率，及在下坡时提高步频的练习。

（16）高频竞走　学习和掌握竞走高步频技术，加快摆臂，缩短步长，以提高步频。

第四章
跑

第一节　短跑运动技术与训练要点

一、短跑的基本技术

　　400米及以下的竞赛项目称为短跑，它是人体在大量缺氧状态下持续高速跑的极限强度运动。短跑技术是一项要求全身协调配合、反应性、灵活性高、强度大的激烈运动项目。完整的短跑技术包括起跑、加速跑、途中跑和终点跑几个方面。

　　短跑运动的特点是，从静止开始，通过连续不断加速达到最高速度并尽量保持这种最高速度冲过终点。以100米项目为例，优秀运动员的100米速度-距离曲线应该是指数曲线，其成绩与加速度、最高速度和疲劳等因素紧密相关。

有观点认为，运动员在起跑30米后即进入途中跑，因而，只注重对30米起跑、力量和爆发力的训练，而忽视了30～60米的衔接训练。其结果是运动员保持最快速度的耐力没有得到提高。从我国运动员前30米跑的速度与外国运动员比较来看，差异并不太大。但因我们在起跑后第一个10米段中消耗体能过大，致使取得和维持最高速度的能力下降，这是影响100米成绩的提高主要原因。

1.起跑技术

规则规定，短跑采用"蹲踞式"起跑。蹲踞式起跑的目标是获得向前冲力，使身体尽快地摆脱静止状态，为起跑后的加速跑创造有利的条件。

当听到"各就位"口令时，放松走到起跑线后，双手在起跑线后撑地，然后两脚依次贴放在起跑器抵趾扳上，脚尖触地，后膝跪地，两手四指并拢，虎口张开，手臂伸直支撑在起跑线后沿，两手间距与肩同宽或比肩稍宽，身体重心适当前移，肩约与起跑线齐平，头与躯干保持在一条直线上，颈部自然放松，注意听下一个口令。

当听到"预备"口令时，缓慢地抬起臀部，同时向前移肩，使两脚掌压紧起跑器抵趾板。此时，前腿的膝角为55°～70°，后腿的膝角为110°～135°。身体重心落在两臂和前腿上，注意听鸣枪。

当运动员听见枪响后,两手迅速离地,两臂屈肘快而有力地前后摆动,同时两腿迅速蹬离起跑器。然后迅速屈膝向前上方摆动,前摆时脚不应离地过高。同时,前腿快速有力地蹬伸,躯干保持较大的前倾姿势,把身体向前推进。

2. 加速跑技术

加速跑是指运动员在起跑后,利用蹲踞式起跑向前的冲力,在较短的时间内,尽快地发挥较大的速度,自然地进入途中跑。根据短跑跑道的不同,可以分为直线跑道起跑后加速跑和弯曲跑道起跑后加速跑两种情况。

(1)直线跑道起跑后加速跑   在起跑的基础上,大腿积极向后方下压,起跑后第一步约为三脚半长至四脚半长,以后的步长逐渐增大,直到途中跑。起跑后上体自然前倾,随着跑速的增大,上体逐渐接近正直。起跑后加速跑的前几步两脚落点自然分开,随着步长的增大,两脚落点逐渐合在一条直线上(加速跑一般为25～30米),自然过渡到途中跑。

(2)弯曲跑道起跑后加速跑   为了便于发挥速度,开始几步向内侧分道线切点呈直线跑进。加速跑的距离相应比直道加速跑要短,上体抬起较早,身体应顺势向内侧倾斜,尽量沿着内侧分道线跑进。

3. 途中跑技术

途中跑的任务是继续发挥和保持高速度到终点。途中跑的一个周期包括后蹬与前摆、腾空、着地缓冲等动作阶段。

(1)后蹬与前摆   当身体重心移过支点垂直面时,就进入了蹬地腿的后蹬与摆动腿的前摆阶段，这时，摆动腿的大小腿折叠超越支撑腿开始，迅速有力地向前上方摆出，并且带动同侧骨盆前送大腿与水平面约呈15°～20°，支撑腿在摆动腿积极前摆的配合下。快速有力地伸展髋、膝、踝关节，蹬离地面形成支撑腿与摆动腿协调配合动作是途中跑的关键。

（2）腾空　当支撑腿结束后蹬，即进入腾空阶段时，小腿随着蹬地后的惯性和大腿的摆动，迅速向大腿靠拢，形成大小腿折叠前摆的动作。与此同时，摆动腿以髋关节为轴积极下压，膝关节放松，小腿随摆动下压的惯性自然向前下方伸展，准备着地。

（3）着地缓冲　当摆动腿的前脚掌着地的瞬间，即开始了着地缓冲阶段，着地位置约距离身体重心投影点的一脚半处，着地动作应非常积极。腿部各关节缓冲过程不应是消极的，应主动前来加速身体重心的前移，随即转入后蹬。在途中跑时，头部正直，上体稍前倾。两臂以肩为轴，自然、轻快、有力地前后摆动。

有结果表明，影响人体前进的阻力主要是脚着地瞬间与地面的相对速度和脚落地的位置，而影响人体前进的速度主要与步幅和步频有关。因此，在训练中，腾空阶段，两腿和两臂应迅速剪绞，尤其是后腿的膝关节要迅速地折叠积极前摆并高抬，以利于减小这种阻力。同时，要加强步幅和步频的专项训练，只有这样才能有效地提高成绩。

4.终点跑技术

终点跑是全程跑的最后阶段，其任务是尽量保持途中跑的

高速度跑过终点。终点跑包括终点跑技术与撞线技术。

（1）终点跑技术　通常情况下，在后 15～20 米终点跑时，会产生体力透支的感觉，导致体力下降，出现速度减慢的现象，此时应注重加快摆臂动作，使速度损失减小到最低程度。

（2）撞线技术　当跑到距终点线 1～1.5 米处时，上体迅速前倾，用胸部撞终点线。

跑过终点线后，应顺势逐渐减速，而不要突然停止。摆臂动作的快慢与下肢动作频率的快慢紧密相关。

二、短跑的训练要点

快速力量练习是短跑训练的基础，在此基础之上，再辅以专门性练习。首先，应正确认识和了解短跑技术，通过进行符合动作技术结构的专项力量训练之后，逐渐形成正确的肌肉发力方法，直至肌肉动力定型，在这个基础上再进行跑的专门性练习，将已具有的专项身体素质转移到跑的技术结构中去，从而形成正确的短跑技术。基于此，力量训练可以被认为是提高短跑技术的训练要点，同时，结合跑的专门练习，强化身体运动和技术定型，并实现在高运动强度下，保持和巩固短跑的正确技术，并使他们在比赛中得心应手地发挥技术。也就是说，短跑训练并不是一味地追求"速度"，通过大量途中跑和加速跑改进技术和提高跑的能力，值得进一步探讨。

1.短跑训练理论

20 世纪 70 年代前，短跑理论认为"蹬"是跑的主要动力来源，甚至认为后蹬是短跑前进的唯一动力，因此在训练中，其方法、手段多是围绕加强后蹬力量来进行的。而随着现代竞技体育的不断科学化发展，对竞技体育的要求也越来越高，人们逐渐认识到，短跑跑进的动力来源不是后蹬，而是由于摆动腿大腿的积极下压和踝关节有力扒地所产生的，并认为后蹬只是短跑技术中的惯性动作。这一理念的提出，使人们开始转变传统的短跑训练理念，并逐渐形成注重蹬和摆完美结合的理念。在后蹬结束后，身体重心尽快转化为身体平动的效果并开始发挥水平速度的能力。在日常训练中，既要进行腿部力量训练，还要进行摆臂力量的训练，更要重视二者的有机结合和统一，使上下肢的力量协调一致，更利于提高运动技术水平。如果仅仅单一地强调腿部力量训练，会造成上下肢力量发展不平衡，最终会影响跑速和成绩。

基于上述理论，强调以蹬带摆，以摆促蹬，蹬摆结合，在各专项练习中，要注重正确技术细节的训练和培养。

在日常训练中，为提高运动成绩，还需要以动力学方法研究运动员跑速变化的原因，以掌握正确合理的技术。其原则是：增加前进的动力，克服其阻力，最有效地利用个人的最佳体能。我们知道推动人体前进的动力主要是靠支撑腿的蹬伸产生，而两臂摆动、腿的摆动及支撑腿的动作是影响蹬伸的速度、力量和方向的主要因素。因此训练中既要注意下肢力量、蹬伸和大肌群的练习，也要注意上肢力量，上肢摆动及小肌群的练习，加强短跑的基本技术训练和技术模仿练习，要摒弃那种只通过"跑"来改进技术和提高训练成绩的错误理念。

2.注意上下肢的协调配合

在短跑的运动过程中，每一个动作都是由若干个运动系统的协调一致工作来共同完成的，在强调肌肉收缩速度的同时，也要强调不同肌群协同工作的能力。短跑中的上、下肢运动是相向的，更是相辅相成的，上肢运动速度和幅度的增加会相应带动下肢运动速度和幅度的增加。因此，在短跑技术训练实践中，要强调全面均衡的发展：第一，明确上肢及肩带力量训练会有效带动下肢摆动速度和摆动的幅度，有利于整体运动能力的提升；第二，躯干力量对跑进时重心的稳定起着重要作用，并直接影响屈伸髋的效果，而有效的伸髋是跑的直接动力。我们在制定短跑技术训练中的力量训练计划时，要全面均衡地发展肌肉力量，要使上肢与下肢、大肌群与小肌群、前肌群与后肌群、左侧肌群与右侧肌群有机结合；同时，注意大小关节、韧带力量的发展。只有在力量方面得到全面均衡发展，在运动过程中才能充分发挥出全身的力量，这一点对于正确掌握短跑技术也是非常有益的，全面、均衡、科学的训练，对日后的运动生涯极为有利。

3.重视小肌肉群的训练

从生理学角度出发，青少年的肌肉力量随着年龄增长而逐渐增强，尤其在青春期后，随着性发育的逐渐成熟，性激素大量分泌，对肌纤维生长有着极大的刺激作用。力量性训练的效果，青春期后才更明显。在此之前，应注意适量安排一些小肌肉群的力量练习，这对于提高运动实效性以及为以后短跑技术的掌握和实施大有裨益。

前面讲过，短跑运动的成绩取决于步长和步频的完美组合，在强调步长和步频成绩发展的同时，还要注重髋关节灵活性、伸展性及其相关力量的训练，这一点对于青少年运动员的训练尤其重要，因为青少年时期不仅是速率发展的敏感期，而且是发展髋关节灵活性、伸展性及相关力量的最好时期，因此，在青少年时期实施有针对性的相关特性训练，为今后运动生涯打好坚实的基础。

三、现代短跑技术专门练习

以髋为轴的高速摆动即"平动运动"是现代短跑技术的本质特征，基于这种理念，在短跑训练中，应以发展大腿摆动和伸髋能力及摆动式着地能力为根本依据，设计和选择符合短跑专项、短跑技术的专门练习。

1.半高抬腿小步跑

半高抬腿小步跑练习主要是通过伸髋下压促进脚快速着地，积极伸髋是股后肌群参与工作的结果，这在动作幅度、肌肉工作方式等方面较接近跑的专项动作。它主要强调足踝着地的动作与速度，与传统小步跑动作所不同的是，这种半高抬腿小步跑要求抬大腿较高，摆动腿摆的高度与重心水平线成30°～40°，脚下落时快速伸髋，主要是体会和掌握主动"扒地"式着地技术，要求练习者在练习中心理定向于摆动腿屈髋前摆和快速伸髋下压大腿，加快脚着地，有利于提高运动员的速度耐力。

2.下压式高抬腿跑

下压式高抬腿跑主要是发展大腿快速前摆、制动和快速落地的能力，提高途中跑大腿摆压转换速度和快速下压的技术与能力。要求练习者心理定向于摆动腿上摆结束后快速伸髋，加快大腿下摆速度，是在传统上摆式高抬腿跑练习的基础上，快速下压大腿，目的在于提高运动员的大腿下摆速度。

3."扒地式"车轮跑

"扒地式"车轮跑是一种新型的短跑训练方式，要求运动员摆动腿高抬，摆至最高点时快速制动，随即摆动腿积极下压的同时伸小腿做"鞭打式扒地"动作，前脚掌积极"扒地"，支撑腿前摆时小腿随惯性与大腿折叠。运动员在练习中心理定向于摆动腿摆到最高点快速使髋下压，同时伸小腿鞭打扒地，支撑腿屈髋前摆。调查显示，在快速、正确地完成"扒地式"车轮跑的前提下，完成"扒地式"车轮跑的距离与100米跑成绩高度相关，单位时间内完成"扒地式"车轮跑的距离与100米跑的成绩也高度相关。由此可见，"扒地式"车轮跑练习对提高短跑专项成绩意义重大。

4.快速单足跳和多级跨跳

快速单足跳属于超等长练习，这种方法是利用肌肉的弹性、收缩性及牵张反射性来提高力量素质。即肌肉先被迫迅速进行离心收缩，紧接着瞬间转为向心收缩的练习。它的最大特点是利用神经与肌肉的牵张反射性，引起神经系统反射性产生更强烈的兴奋冲动，从而动员更多的运动单位参加收缩，以产生更大的肌肉收缩力，以达到在瞬间结束的短跑着地缓冲阶段。比较肌肉活跃程度的时相轨迹可知，单足跳和多级跨跳时股二头肌的工作性质与跑时没有实质性的区别。而且发展跳跃的相关肌群，能提高运动员的弹跳力，发展爆发力，改善身体着地时的缓冲能力，加快脚蹬地转动时的角速度，同时使神经肌肉系统的快速用力能力得到提高。

我们设计和选择的半高抬腿小步跑练习，要求练习者心理定向于摆动腿屈髋前摆和快速伸髋下压大腿，加快脚着地；下压式高抬腿跑练习，要求心理定向于摆动腿上摆，上摆结束后快速伸髋，加快大腿下摆速度；"扒地式"车轮跑练习，要求心理定向于摆动腿摆到最高点快速伸髋下压，同时伸小腿鞭打扒地，支撑腿屈髋前摆。练习者在正确完成专门练习时的心理定向就确定了完成动作的目标及动作程序。这种心理定向的作用显然是传统短跑训练所无法比拟的。

对现代短跑项目本质规律的认识是教练员和运动员选择和设计短跑专门练习的重要前提。选择和设计一些与现代短跑技术动作结构相一致的专门练习的方法，对运动员进行有针对性的训练，并有机地融入完整的技术结构中，才能对短跑训练的观念、指导思想及具体操作有全面的、系统的认识和把握，只有这样才能保证训练时事半功倍，才能提高运动技能和比赛成绩，赢得最终的胜利。

四、某些练习方法的优弊分析

在传统练习方法中，某些训练内容有其合理性但也存在弊

端，比如高抬腿、小步跑、后蹬跑等练习，我们在具体训练中尤其要注意。

以高抬腿练习为例。高抬腿跑的训练是摆动腿高抬至水平面和支撑腿向后下方落地的高支撑。如果有大腿高抬的技术动作或纠正前摆不够高的缺点，此动作具有一定的促进作用，但也会造成不良的影响。很明显，因为高速跑中屈髋摆动的方向是前上方，而不仅仅只是高抬腿，关键是摆得远，髋关节有一个较为明显的扭转。可见，长时间的高抬腿跑练习，势必造成运动员只注意抬腿不想着送髋，进而产生髋关节后缩，骨盆下坐的毛病，从而影响运动员的步长及跑速。

再以小步跑练习为例。足踝和小腿活动是传统小步跑训练的侧重点，它要求在脚落地的过程中严格按照脚尖-脚趾-脚前掌-脚全掌的顺序来滚动完成动作。这样的训练方式也是有利有弊，按照脚尖-脚趾-脚前掌-脚全掌的顺序来滚动完成落地动作的话，缓冲时间加长，影响力量传递效果暂且不说，关键是踝关节和膝关节在落地之前就必须处于一种较为紧张的状态。这种小步跑练习在初学者体会脚着地部位方面有一定的促进作用，但在掌握短跑技术方面则意义不大。

五、短跑中的相关素质训练

1.速度素质训练

既然是跑的项目训练，"速度"理应是训练的核心内容。传统的训练理念过去也是这样认为的，但经过多年和多方位的实际考核，普遍认为"速度能力"是短跑训练工作的重心。什么是速度能力呢？在运动学上，我们将保持速度的能力称为"速度能力"。它与通常所说的速度耐力有一定联系，又是有区别的。

具体到训练手段，速度能力通常以最大强度或者接近最大强度的100～200米段落跑来训练，它的特点是重复次数不多，间歇时间较长，强度很大。速度耐力通常以强度稍低（80%～90%）的250～500米段落跑来训练，其特点是重复次数较多，要求跑平均强度，间歇时间相对要短一些。

在日常训练和比赛中，有些运动员的后程能力不好，导致专项成绩也不会很好，关键点在于其步频能力较弱。如果对该运动员进行针对性的系统训练，提高他的速度能力，另其后半程保持他前半程原有的步频和速度，那么他的专项成绩和全程的步频指标会相应地提高。

2.力量素质训练

在实际训练过程中，我们强调的是运动员的快速力量，而不是肌肉的绝对力量。传统的杠铃练习手段，如大重量的杠铃深蹲、半蹲、坐蹲等练习，不适合用来发展快速力量。我国一贯采用传统的训练方法，以抓举、挺举、半蹲、深蹲等负荷量大的训练方式为主，这样的训练方式既容易导致运动员疲劳，又无法收到良好的训练效果。

（1）练习器械　综合力量的练习器械，与国内一般的健身器械有一定的相似性，都由各种功能不同的部分所组成。在力量训练中，主要采用一些专门的器械和轻重量的杠铃练习，来发展短跑项目所需的不同部位的肌肉力量，以达到与短跑项目

的要求相适应的目的。需要强调的是，尽量不要做或少做传统的力量练习，如杠铃抓举、挺举半蹲、深蹲等，这些方法很多是从举重项目沿袭过来的，其练习的内容、方法以及效果等，与田径项目的要求大相径庭。我们日常训练的目的是在跑的过程中所需要的力量，这一点一定要特别重视。可以多借鉴短跑发达国家的训练方式方法，并给我们的短跑训练提供借鉴和参考。

（2）练习方法　练习方法要注重科学性、针对性和有效性，激发训练者的主动性、积极性，促进肌肉协调发展，更好地发展专项素质。同时，要加强不同方式的组合练习。这种组合练习的方式，可以根据不同的需要，可以是各种器械练习的组合，也可以是各种跳跃练习的组合，还可以是器械和跳跃练习的组合。练习方法多样，练习的内容比较多，既可以协调发展个部位的肌肉力量，也有利于保持练习的兴趣，从而提高练习的效果。

第二节　接力跑运动技术与训练要点

一、接力跑的运动技术

接力跑是队员之间相互配合的一种集体竞赛项目，与短跑类似，但还要保证快速跑进中完成较短距离的交接动作。接力跑成绩的好坏，不仅取决于每个队员单项跑的成绩，而且在很大程度上取决于队员之间的密切配合和传、接棒技术的好坏。

（一）弯道起跑

4×100米和4×400米接力一般都采用弯道起跑（200米、400米、800米、3000米、5000米、10000米等也采用弯道起跑）。

弯道起跑的是为了将最后冲刺放在直道上，便于快速冲刺和成绩记录。因此，弯道起跑时，身体的位置、起跑器安装的位置与直道略有不同。

使用起跑器时，应放在靠近自己跑道的外侧，使两个起跑器抵趾板的平面对着进入弯道切点方向，使起跑出去，能跑成近似直线。运动员在做"各就位"动作时，也应使自己的整个身体面对进入弯道的切入点方向，左手撑地并不是紧靠着起跑线的后沿，而是撑在离起跑线5～10厘米处。这样可以使整个身体比较自然地面对弯道切点的方向。

起跑时，两条腿要完成蹬、摆配合，右腿的向前摆动，膝关节稍稍有"内扣"的动作，并且右脚落地时，足掌稍稍有内旋动作，用右脚掌内侧部位着地，便于适应弯道跑的要求。

在弯道上进行站立式起跑，运动员完成"各就位"动作的站位时，应站在起跑线的最外侧，然后向内侧线的切点方向跑，起跑第一步的动作与弯道蹲踞式起跑相同。

（二）4×100米接力跑

1.起跑

第一棒传棒人以右手握棒，采用蹲踞式起跑，规则规定接

力棒不得触及起跑线和起跑线前的地面。接力跑起跑技术和短跑起跑技术相同，但是接力跑在握棒方法上有三种不同的情况（以右手持棒为例）：

（1）右手的食指握住棒的后部，拇指与其他三指分开撑地；

（2）右手的中指、无名指握住棒的后部，拇指，食指和小指成三角撑地；

（3）右手的中指、无名指和小指握住棒的后部，拇指和食指分开撑地。

2.传、接棒方法

接力跑的传、接棒方法有上挑式、下压式和混合式。

（1）上挑式　接棒人听到信号时，接棒手臂自然向后伸出，手臂与躯干呈40°～50°，掌心向后，拇指与其他四指自然张开，虎口朝下，传棒人将棒向前上方送入接棒人的手中。这种传棒方法的优点是：接棒人向后下方伸手臂的动作比较自然，传棒人传棒动作也比较自然，容易掌握；其缺点是：接棒后，手已握在接力棒的中部或前部，使后几棒运动员在传、接棒时接棒运动员所抓接力棒前端越来越少，致使持棒运动员必须在跑进中调整手与棒的接触部位。因此，这种方法容易造成掉棒和影响快速前进。

（2）下压式　接棒队员听到信号时，接棒人的手臂向后伸，手臂与躯干呈50°～60°，手腕内旋，掌心向上，拇指与其他四指自然张开，虎口朝后，传棒人将棒的前端由下向上"压送"到接棒人手中。这种传棒方法的优点是：不易掉棒，在交接棒时不易出现没有棒子的情况，其缺点就是接棒人手腕动作比较紧张且不自然。

（3）混合式 运动员采用传、接棒技术要根据实际情况并因人而异进行选择，在传、接棒时双方要达到默契、精确、稳妥、快速。如跑第一棒队员用右手握棒起跑，沿跑道内侧跑，用"上挑式"将棒传给第二棒队员的左手，第二棒队员接棒后沿跑道外侧跑，用"下压式"将棒传给第三棒队员的右手，第三棒沿弯道内侧跑用"上挑式"将棒传给第四棒队友的左手，第四棒接棒后一直跑过终点。这种方法综合了"上挑式"和"下压式"的优点。

无论运动员采用哪一种传、接棒方法，第一、三棒运动员均应用右手持棒，沿各自分道中线内侧跑进，将接力棒传给第二、四棒运动员的左手。第二棒运动员左手接棒后，沿各自分道中线外侧跑进，将接力棒传给第三棒运动员的右手。

3. 传、接棒的时机

接棒队员站在预跑区内或接力区后端，待看到传棒人跑到标志线时便迅速起跑，当传棒人跑到接力区内，离接棒人15米左右时，要立即向接棒人发出"嗨"或"接"的传、接棒信号，接棒人听到信号后迅速向后伸手接棒。传棒人完成传棒动作后逐渐减低跑速，待其他道的运动员跑过后离开跑道。

4. 传、接棒的位置

传、接棒的位置可以通过调整接棒运动员的起动标志线（当传棒运动员跑到此标志线时，接棒人开始起跑）来确定。为保证传、接棒动作能在快速奔跑中完成，要准确地确定标志线，标志线是根据传、接棒人的跑速和传、接棒人技术的熟练程度而定。接力跑运动员应该在反复练习中确定传、接棒的最佳位置和接棒运动员的起动标志线。

5.一个接力区传、接棒技术

一个接力区传、接棒技术动作阶段主要是指从传、接棒运动员进入接力区预跑前的标志点起到接棒运动员起动至两个人跑进接力区后半段，完成传、接棒动作为止的动作过程。它可以分为预跑阶段、相对稳定高速阶段和传、接棒阶段，其中以传、接棒过程最为重要。传、接棒阶段是指传、接棒运动员各自以不同的速度进入接力区，并不断缩短两人之间的距离，直到传棒运动员将棒安全、平稳、准确、顺利地传递到接棒运动员手中的过程。这个阶段又可细分为最靠拢阶段、信号阶段、伸臂阶段、瞄准阶段和交接阶段。

6.接力跑运动员棒次安排原则

4×100米接力跑全程由4名运动员共同完成，因此，应考虑各棒次对运动员的不同要求安排运动员棒次，尽量发挥每位运动员的特长。一般是第一棒持棒应安排起跑技术好并善于跑弯道的运动员；第二棒持棒应安排专项耐力好并善于传、接棒的队员；第三棒持棒应安排专项耐力好并善于传、接棒和跑弯道的运动员；第四棒持棒应安排短跑成绩最好，冲刺跑能力强的运动员。

（三）4×400米接力跑

4×400米接力跑的传、接棒技术相对比较简单。但是，由于传棒人在跑近接力区时的跑速已经明显下降，故接棒人应十分注意接棒技术。当传棒人跑近时，接棒人要在慢加速跑中目视传棒人，顺其跑速主动接棒，随后快速跑出。第一棒采用蹲踞式起跑，起跑技术同4×100米接力跑的起跑；第二、三、四棒运动员起跑采用站立式起跑，头转向后方，注意看传棒运动员跑速的变化以此确定起跑速度的快慢。如果传棒人的跑速减慢，接棒人应晚些起跑，并主动接棒。

4×400米接力跑全部的交、接棒过程，一般在20米接力区的前半段或接力区的中间区域内完成。传棒人将棒传出后，应从侧面退出跑道，避免影响其他接棒运动员的跑进。4×400米接力跑，多采用右手上挑式传递接力棒，但是要注意传、接棒的换手方法。具体来说，主要有以下两种方法：第一种方法是第一棒运动员用右手传棒给第二棒运动员左手，第二棒运动员接棒后换到右手传棒给第三棒运动员左手，第三棒运动员接棒后换到右手传棒给第四棒运动员左手的方法。将棒从左手换到右手一般是跑完第二个弯道进入直道完成。第二种方法是右手接棒后，立即换到左手，始终是左手传棒，右手接棒。

二、接力跑的训练要点

（一）确定棒次人选

根据交接棒和跑道、对手的情况，对每棒运动员的要求也不一样。

第一棒运动员：应具有起跑快、稳，并善于跑弯道、抗外界因素干扰的能力。

第二棒运动员：应具有专项耐力好，善于传、接棒的能力。

第三棒运动员：应具有传、接棒的能力，并善于跑弯道，此棒需要具有最高水平的专项技术能力。

第四棒运动员：由于相近的各队旋风般接踵而至，场面及队员情况高度紧张，该棒队员必须由心理素质稳定、敢于拼搏、冲刺能力强的队员担任。

（二）确定第二、三、四棒的启动"让距"位置

接棒队员无法在20米内达到最高速度，必须充分利用接力区后10米（4×100米）的预跑区。对高水平的运动员，完成交接棒的最佳时机是在离接力区前沿3米处。速度及控制能力较差，心理素质也不太稳定的运动员，最佳交接棒的位置在离接力区前沿4～6米处为妥。第二、三、四棒队员起跑"让距"也可通过公式计算出来。

让距＝交棒队员最后30米平均速度×接棒队员起跑25米所需要的时间－（25米－1.5米）

上式中，交棒队员最后30米的时间不易测准，可用该运动员跑的距离的平均速度近似代替；接棒队员25米所需时间可准确测出；1.5米是交、接棒时两人的距离。

（三）交接棒采用的方式

4×100米的交接棒方法以采用"混合式"为好。不管采用

何种交接棒方式第一、三棒运动员在跑道的左侧，第二、四棒在跑道的右侧。如果第一棒用上挑式，第二棒必须用下压式，交替进行。

在跑中不允许因任何理由换棒到左手，再从左手换到右手（可适用于4×400米接力）。

（四）训练方法

（1）演示说明正确的交接棒过程。

（2）队员原地站立，一对一交接棒练习。

（3）让队员站在标志线上，与队友进行交接棒练习。

（4）用上挑式和下压式进行传接棒练习。

（5）交接队员相距18米，进行慢跑中的传接棒练习。

（6）使队员相距27米、36米、45米的距离，进行慢跑中的传接棒练习。

（7）在弯道上进行传接棒练习。

（8）在中速和快速跑中进行传接棒练习。

（五）评价交接棒技术好坏的指标

评定4×100米运动员交接棒技术的指标可用下列公式计算得出：

t=四名运动员100米成绩之和-4×100米跑成绩

如果t=3秒为优秀，t=2.5秒为良好，t=2秒为一般，$t<1.5$秒为较差。

第三节 跨栏跑技术与训练要点

一、跨栏跑的运动技术

（一）男子110米跨栏跑技术

1.起跑至第一栏的技术

男子110米栏，从起跑至第一栏的距离为13.72米。第一时间跑至第一栏在跨栏技术中占有重要的地位。因此，这一阶段技术要保证以下三点。

第一，起跑至第一栏一般用8步跑完，也有跑7步和9步的，因人而定。凡用双数步跑完这段距离的，安装起跑器时应将起跨腿一侧起跑器摆放在前面（即起跨腿的脚放在前起跑器上），用单数步跑完这段距离的则相反。为了准确地踏跨在起跨点上，根据加速跑步点的需要，可将起跑器在起跑线后稍向前或向后安装。

第二，"预备"动作时，臀部抬起明显高于肩部，这是为了起跑后前几步取得较大的步长。当运动员听到枪声后，起动反应要快，蹬离起跑器的动作要快，尽快地迈出第一步进入加速跑。与短跑加速跑阶段相比，跨栏跑加速跑各步后蹬角度稍大，身体重心位置稍高，身体与地面的夹角稍大，其目的在于促使起跑后步长能较快地增加。一般跑到起跨前两步时，上体已抬到正常跑的姿势。

第三，上好第一栏，应特别注意加速跑步幅的稳定、准确和节奏。一般从第2步开始，每步增加15～20厘米左右。最后一步为了使身体重心迅速通过支撑点上方而转入起跨攻栏，做一个"短步"，即此前一步短15～20厘米。

2.跨栏步技术

跨栏步是从起跨腿的脚踏上起跨点开始到摆动腿的脚过栏后着地为止。其主要任务是在越过栏架高度的前提下，尽量减小起跨时的垂直速度，取得较大的腾空初速度和较低的身体重心抛物线轨迹，尽快地越过栏架。跨栏步技术包括起跨攻栏和腾空过栏两个过程。

（1）起跨攻栏 起跨攻栏是指起跨脚踏上起跨点到起跨腿后蹬结束离地瞬间。起跨攻栏主要分为以下三个步骤。

第一，起跨攻栏时，要确定好起跨点。如果起跨点离栏架过远，必然造成上栏困难或跨栏步过大，延长过栏腾空时间。反之则会加大起跨腾起角度，形成跳栏动作，同样延长了过栏腾空时间。职业运动员的起跨点一般控制距离为2.00～2.20米。

第二，起跨着地快，蹬地快，起跨前一步，步长应缩短15～20厘米。起跨腿（通常是有力腿）用前脚掌在靠近身体重心投影点附近的起跨点迅速着地起跨。起跨前这一步适当缩短，不仅有助于起跨时身体重心处于较高的位置，减少起跨时对垂直速度的要求，而且能使身体重心尽快地通过支撑点上方，迅速转入攻栏动作。当身体重心通过支撑点上方转入攻栏后，起跨腿要迅速伸展髋、膝、踝这3个关节，同时髋部

要前送，上体稍前倾，摆动腿异侧臂也前伸，使身体重心有较大距离的前移以形成适宜的起跨蹬地角，一般以65°～70°为宜。

第三，上栏攻摆快，当起跨腿着地时，摆动腿由体后屈膝向前摆动。当进入攻栏时，摆动腿大、小腿继续折叠向前上方高摆。这个摆动腿的折叠和向前上方高摆动作，由于缩短了摆动半径，加快了腿的摆动速度，从而能提高起跨攻栏的效果。整个动作要自然、流畅，当结束起跨攻栏动作时，起跨腿的髋、膝、踝3个关节要保持伸直状态，头部、躯干和起跨腿基本上成一条直线。

（2）腾空过栏　腾空过栏主要分为以下三个过程。

① 腾空时。身体重心沿着起跨攻栏所形成的腾空轨迹向前运动。由于腾空后不能改变身体重心的位移速度和运行轨迹，因此腾空过栏时，只能依靠加快摆动腿和起跨腿以及上肢的协调配合，使人体迅速跨过栏架而快速着地。

② 过栏前半部分。起跨腿蹬离地面后，摆动腿小腿迅速前伸，当摆动腿脚跟接近栏板时，摆动腿几乎伸直。与此同时，上体迅速前倾，使胸部贴近摆动腿的大腿；摆动腿异侧臂完成带动肩部积极向前的动作，形成肩横轴与髋横轴交叉扭转状态，以维持身体平衡。此时，起跨腿仍留在身体后面，并与在栏前的摆动腿形成一个大幅度的分腿动作。这个大幅度的分腿动作，能使摆动腿和起跨腿的肌肉得到预先拉长，从而为下栏时两腿快速的剪绞动作创造良好的条件。

③ 过栏后半部分。摆动腿脚掌越过栏板后，随之开始做积

极的下压动作。此时起跨腿屈膝外展并经体侧迅速向前提拉。起跨腿向前提拉时，小腿收紧使脚跟接近臀部，膝高于踝，脚尖稍向上翘，并与摆动腿的下压形成协调有力的剪绞动作。与此同时，摆动腿异侧臂配合下肢动作向侧后方做有力的划摆，到接近体侧下方时屈肘收回，另一臂则向前摆出，以维持身体平衡。由于摆动腿积极下压，必然使上体适度抬起。当摆动腿前脚掌着地时，膝关节是伸直的，踝关节进行缓冲，这样能使身体重心处于较高的位置。摆动腿着地时，上体仍保持一定的前倾。随着起跨腿大幅度地向前做提拉动作，使身体重心迅速移动过支撑点。到此，跨栏动作就基本结束。

3.栏间跑技术

栏间跑是指下栏着地点到下一栏起跨点之间的跑动过程。栏间跑技术与短跑途中跑有所不同，它是指在规定的距离内以固定的步数跑完，并且为过栏做好准备。栏间跑的特点是重心高、频率快、节奏强，栏间三步步长的比例是小、大、中，具体分析如下。

（1）栏间第一步 栏间第一步应与下栏动作紧密相连。摆动腿在下栏着地时膝关节几乎伸直，参加后蹬用力的伸肌群已处于充分拉长状态，与此同时起跨腿经过外展提拉，放脚落地。摆动腿与起跨腿这种不同于短跑的交叉步动作，减小了抬腿速度和后蹬力量，所以步长是三步中最小的。为使跨跑动作紧密衔接，在下栏着地时要通过利用支撑腿踝关节及脚掌力量充分后蹬，起跨腿快速带动髋向前提拉和两臂前后用力摆动来加以补偿。优秀运动员这一步步长可达165厘米以上，后蹬角度60°左右。

（2）栏间第二步　栏间第二步是快速跑进的关键。由于基本恢复了正常跑步动作，故这一步力量强、速度快、抬腿高，步长约为2.10米，是栏间跑最大的一步。

（3）栏间第三步　栏间第三步与起跨攻栏相连，是栏间跑速度最快的一步。由于在快速跑进的同时要为起跨做好充分准备，故第三步抬腿不高、放脚快且靠近身体重心投影点，出现了比第一步大、比第二步小的居中步长。

4.终点跑技术

终点跑是指运动员在跨过最后一个栏的着地点到终点这一段距离的跑。由于着地后不受步点的限制，所以最后一个栏摆动腿应该更加积极地下压，着地点较近。起跨腿一过栏架即可向前摆出，以最快的速度向终点冲刺。

（二）女子100米跨栏跑技术

在动作结构上，女子100米栏与男子110米栏在动作结构上基本相同。全程设有10个栏架，一般用49～50步跑完。全程跑时，跑跨衔接紧密，动作协调自然，身体重心波动小，更接近平跑。由于栏高和栏距的差异，使100米栏的技术与110米栏有不同之处。具体表现在以下几个方面。

（1）"预备"时，臀部不能抬得像男子110米栏那样高，前五六步身体姿势和蹬地摆腿动作同110米栏起跑基本相同。在最后一步时，上体基本直立准备起跨攻栏，步长比前一步缩短

10～15厘米。

（2）起跨时前脚掌着地，髋、膝、踝关节缓冲不大，保持高重心并积极前移。攻栏更积极，起跨角度60°～65°。起跨点与栏架之间的距离为1.90～2.10米。

（3）躯干在上栏时没有明显的前倾和下压动作，过栏时身体重心运动轨迹起伏不大，跨栏步长为3.00～3.10米。下栏着地点距离为1.00～1.20米。

（三）男、女子400米跨栏跑技术

男、女子400米跨栏跑技术与110米跨栏技术相似，但由于栏间距离较长，栏架高度不同，有些栏架设置在弯道上。因此，其动作与110米栏略有差别。起跑至第一栏步数与栏间跑步数有关，起跑至第一栏与栏间跑步数分别为15步和22步；或14步和21步；或13步和20步。

（1）女子过栏技术 由于栏架低，因此起跨后蹬力量，上体前倾角度，摆臂幅度和起跨腿的提拉速度都较其他跨栏项目小，跑跨自然连贯，接近"跑栏"技术。

（2）男子过栏技术 过栏技术要求介于110米栏和女子400米栏之间。

（3）栏间跑技术 栏间跑技术步数固定、步长准确，节奏感强。栏间跑步长需要良好的肌肉力量，而且要有空间定向能力以精准地确定起跨点。栏间跑除去起跨攻栏、下栏落地的距离，实跑距离约为32.7米，男子一般跑为13～15步，女子跑15～17步。

（4）跨弯道栏技术　男、女400米栏有5个栏在弯道上跨。跨弯道栏时，右腿起跨可以利用向心力顺利过栏而不失去平衡，比左腿起跨有利，但必须注意避免过栏时犯规。

二、跨栏跑训练要点

跨栏跑应特别强调两点：一是加强后蹬，二是反复训练过栏动作。概括起来有如下要点。

1.攻栏要点

（1）大小腿折叠，膝关节领先前摆；

（2）获得一个高姿势；

（3）胸要在前腿上方，眼注视下一个栏；

（4）在栏上膝屈曲。

2.过栏要点

（1）后腿脚跟（起跨腿）靠近臀部；

（2）前腿（摆动腿）向地面加速后摆逼迫直腿下栏；

（3）前臂伸直并推动身体向前的同时，后腿提拉划半圆；

（4）后臂弯曲挥拳用力摆动。

3.落地要点

（1）落地时肩在髋的前方；

（2）起跨腿下压快速扒地；

（3）高速离开栏架。

第四节 中长跑运动技术与训练要点

一、中长跑的运动技术

（一）起跑技术

田径竞赛规则规定中长跑比赛必须采用站立式起跑，而且起跑时双手不得触地，双脚必须与地面接触。中距离跑一般采用低姿的站立式起跑；长距离跑则采用高姿的站立式起跑。发令前要求运动员站在起跑集合线后，听到"各就位"口令后，先做一两次深呼吸，然后走或慢跑到起跑线后。

1.低姿站立式起跑

两脚前后站立，前腿的脚紧靠起跑线后沿，前脚跟和后脚尖之间的距离为一脚到一脚半，两脚左右的间隔约半脚长，体重大部分落在前脚上，后脚用前脚掌支撑站立，两腿弯曲，上体前倾，前脚的异侧臂自然弯曲在体前，同侧臂在体侧自然后伸。头都自然与躯干保持在一条直线上，眼向前看3～5米处，身体保持稳定姿势，静候枪声。

2.高姿站立式起跑

两脚的前后距离一脚左右，体重大部分落在前脚上，两腿微屈，上体稍前倾。前脚异侧臂自然弯曲下垂，同侧臂自然弯曲于体侧，静候枪声。运动员听到枪声后，两腿用力蹬地，后腿蹬地后以膝领先向前摆出，脚不要离地太高，两臂屈肘配合

两腿的蹬摆做快速有力的前后摆动，迅速起动迈出第一步。

听到鸣枪或"跑"的口令时，两脚用力蹬地，后腿蹬地后迅速前摆，前腿充分蹬直，两臂配合两腿动作做快而有力的摆动，身体迅速跑出。

（二）加速跑技术

在中长跑项目中，加速跑的任务是根据战术需要抢占有利位置，并在较短的时间内达到预定的速度并转入中长胞。加速跑的距离应根据项目、个人训练水平、战术、参加人数而定。一般情况是比赛距离越长加速跑的距离越短。加速跑阶段，要求摆腿和后蹬的动作都应迅速积极，逐步过渡到途中跑。

中长跑起跑后的加速跑阶段，不需要像短跑那样激烈、迅猛。再者，有较多的中长跑比赛项目是不分道进行。这就要求运动员在起跑阶段，应根据自身和对手的情况，占据一个适合自己的位置。

（三）途中跑技术

为了减少着地时产生的阻力，应以"扒地"式的着地方法将脚落在离身体重心投影点较近的地方。前脚掌着地时，着地腿的膝关节是稍微弯曲的，脚跟和膝关节几乎在一条垂线上。脚着地后，小腿后侧肌群和大腿前侧肌群应积极而协调地退让，以减缓着地的制动力，并为后蹬创造有利条件。在缓冲的过程中，应迅速屈踝、屈膝和屈髋，其中屈膝起着主导作用。

当身体重心移过支撑点以后，一路开始后蹬，同时另一腿开始前摆的动作。这时，摆动腿膝关节迅速有力地向前上方摆出，带动同侧骨盆前送，支撑腿快速有力地伸髋、伸膝、伸踝关节，最后通过脚掌过渡到脚趾蹬离地面，形成摆动腿与支撑腿的协调配合。后蹬结束时，后蹬腿的膝关节不是完成伸直的，其角度在160°～170°，蹬伸结束后应快速向前摆腿。

后蹬腿蹬离地面后，人体进入腾空阶段。此时大腿迅速向前摆出，小腿自然顺势摆起向大腿靠拢，摆至支撑点垂直上方时，形成大小腿折叠的姿势。然后，大腿继续向前上方摆动。脚着地前，摆动大腿积极下压，小腿顺势前摆，为完成"扒地"式的着地动作做积极准备。脚着地时用前脚掌或前脚掌外侧先着地，然后过渡到全脚掌着地。着地和脚尖应正对跑进的方向，不应偏离。大小腿的充分折叠缩短了摆动半径，不仅能加快摆动的角速度，同时使大腿前摆省力。

中长跑时运动员为了改善气体交换和血液循环的条件，满足所需要的通气量，需要掌握正确的呼吸方法和节奏。呼吸的节奏应和跑的节奏相结合，一般是一步一呼，一步一吸，两步一呼，两步一吸，或者三步一呼，三步一吸。这些方法都需要注意呼吸深度，要保证充分的呼气与充分的吸气。呼吸时要用鼻和半张开的口同时进行，最大限度地满足机体对氧气的需要。

人的内脏器官机能具有惰性，在中长跑的过程中，氧气的供应暂时落于肌肉活动的需要，跑一段距离后会不同程度地出现气喘、呼吸困难、胸闷、动作无力现象和跑速降低等疲乏感觉，这种现象在生理叫"极点"。极点是激烈运动开始阶段心血管系统机能变化与运动器官活动强度之间发生不适应的生理

现象。它与训练水平、准备活动的程度、跑的强度、内脏功能适应激烈运动的能力等都有关系。训练水平高的运动员，"极点"表现不明显，时间也短，或者整个比赛中不出现"极点"现象。当"极点"出现时，适当降低跑速，注意加速呼吸，以顽强的意志力坚持跑下去。因此，对于"极点"的克服，不仅是提高训练效果的过程，也是锻炼个人承受能力的过程。

（四）终点跑技术

终点跑是全程结束前最后一段距离的冲刺跑。其距离要根据项目特点、训练水平、战术需要及比赛具体情况而定。

终点跑的动作要求基本上和短跑相同。略有不同的是，终点跑的距离比短跑要长，而且要根据个人余力、场上情况和战术要求来确定。一般情况下，800米可在最后150～200米处开始冲刺，1500米可在最后250～300米处开始冲刺，3000米以上可在最后200～600米开始逐渐加速过渡到冲刺跑。冲刺跑时，运动员应适当加大躯干前倾的角度，手臂用力前后摆动，主动加大摆臂的幅度，加快摆臂的频率，从而有助于加大下肢的动作幅度和频率，动员全部力量，以顽强的毅力冲向终点。

二、中长跑的训练要点

（一）高原与平原交叉训练成为当今中长跑训练方法的主流

地处高原的中长跑运动员每年科学地利用平原高压高氧的

有利条件从高原下到平原训练2～3次，每次5～6周，提高运动员的训练强度并逐渐加大训练负荷，有效地促进了运动员专项能力的改善和运动成绩的大幅度提高。

地处平原的运动员科学地利用高原低压缺氧的条件来改善和提高运动员的呼吸、心血管、代谢系统的功能，以促进平原训练的强度，逐渐加大训练负荷，有效地促进了专项运动成绩的提高。

高原与平原交叉训练主要利用生物学适应原理，给运动员机体以有效的刺激，提高运动强度，增加运动负荷，从而达到提高运动成绩的目的。

（二）中长跑训练负荷应以强度为训练负荷的"灵魂"

在负荷量与强度的关系上，是以强度作为训练负荷的灵魂，即使有准备期仍须有一定比例较大的强度训练，而将训练时间负荷数量相对减少。但过多的大强度训练，会使机体积累大量代谢产物，再加上肌肉和其他器官给大脑皮层传导的神经冲动，给神经系统带来较大的负担，导致神经调节紊乱，使之体力恢复越来越差，久而久之，便导致过度训练。

（三）中长跑训练应以"快速有效恢复"为前提

训练就是让运动员疲劳，疲劳是训练后的必然结果。但高强度训练后如果运动员得不到恢复，就是对运动员的摧残，只有得到及时恢复，疲劳才有意义。

（1）采取积极性休息。大强度训练后，慢跑30分钟，利用

低强度运动中乳酸消除速度比静止状态快数倍以上的原理，加速运动后的恢复。

（2）采取速度与耐力互补训练方法，达到在中长跑中能量生成更快且不出现疲劳积累的互补效应。

（3）采用多餐少食，进食高蛋白低脂肪食品，多食维生素B_1、维生素C的食物及时补充能量，使运动员迅速消除疲劳，保质保量地完成大运动量训练。

（4）训练后用按摩、沐浴、热敷等理疗恢复。

（5）服用中成药补剂，既能补充体内能量，又消除运动疲劳，提高运动能力。

（四）中长跑训练应以速度训练为核心

现代中长跑训练突破了传统的大运动量的训练模式，由突出训练量而转向突出强度，逐步确立"以速度训练为核心"的指导思想。

1.重视绝对速度的提高

绝对速度的提高是提高速度耐力的基础。在实训中应加强。常采用的练习方法有30～80米加速跑，接力跑，60米、100米行进间跑，100～300米重复跑，顺风跑、牵引跑、下坡跑、在各种跑道上跑，以及比赛训练等。发展绝对速度要注意以下三点。

（1）青少年运动员应主抓速度训练，这种训练应贯穿在整个训练过程中。

（2）速度训练课的安排，在冬天每周安排一次，冬天到夏天过渡期每周安排两次，在比赛季节每周安排三次。

（3）运用这些方法训练时，应注意在一次练习结束后安排充分休息，然后进行下一次练习。

2.不断突破速度"障碍区"，提高速度耐力

由于人体可用的无氧能力是有限的，训练和比赛中必须合理有效地利用。在中长跑训练和比赛中常常发现，运动员在前半程成绩不错，遥遥领先，但到后半程因体力不佳而败下阵来。训练关键是提高速度能力，不断突破速度"障碍区"（速度"障碍区"即运动员以最大速度去跑，当在某一阶段出现明显降速，降速以后的距离区就为该队员的速度"障碍区"）。

为了突破速度"障碍区"，应注意，宁可让运动员快跑，也不能单纯为了通过"障碍区"而减慢速度。只有经过这样的反复练习，才能取得阶段性的进展，从而形成一个新的速度"障碍区"，继而再进行突破。随着跑速的不断提高和保持高速跑进时间的不断延长，也会对其身体各种机能提出新的要求。当跑速不能再提高时，就应当改变和调整已经建立起来的速度定型，运用新的训练方法和手段，充分挖掘运动员的潜能，完善跑的技术，最大限度地延长快速跑进的距离。

3.采用"以短促长"的训练手段，提高专项能力

近年来，中长跑训练的运动量在减少，总距离在缩短，而采用"以短促长"的训练手段，即跑距短于专项距离，而使平均速度大大提高，且绝对速度逐渐接近短跑运动员的速度。这样，突出了训练强度，提高了训练效率，专项成绩会得到有效提高。

4.建立"多课次"训练结构，科学安排负荷量和强度

中长跑最困难的问题是负荷量与负荷强度的关系。这是一对共存的矛盾，要加大运动负荷量就必须降低负荷强度，加大强度则需要减少负荷量。按照每天 1 ~ 2 次的训练课很难奏效，只有"多课次"的训练结构才能有效地解决这个难题。其效果在于，一天训练中既保证有较大的负荷量，又不降低负荷强度。

"多课次"训练就是把 1 ~ 2 次的训练量分散到每天 3 ~ 5 次或更多的课次中。每次课要突出一个训练内容，达到一定的要求。例如，第一次课可以是发展速度练习，第二次课可以是耐力性内容，第三次课是速度耐力相结合的练习内容等。"多次课"训练中应注意：

（1）要根据个体和项目特点确定总负荷量和总负荷强度，然后具体情况安排每次课的负荷量与负荷强度；

（2）分散后的负荷强度累加起来一定要大于总负荷强度指标，以弥补因分散造成的连续负荷量的不足。每次课的负荷强度一般不应低于90%；

（3）训练课次数要因负荷量的多少来随时调整，量大则适当增加，课次量小则适当减少课次；

（4）要重视训练后的恢复。

（五）中长跑运动员应重视身体素质训练

中长跑运动员如果过多地追求加大跑的负荷量，而忽视了与专门身体素质训练的结合，会使运动员达到一定成绩水平后，在滞后的身体素质功能制约下，出现运动能力改善的停止或下降，专项运动成绩也出现徘徊不前的波动状态，甚至出现伤病。

运动生理学指出："人体参与运动的各个因素之间是相互促进、相互制约、相辅相成的。"人的身体素质始终随着人体机能和专项运动能力的变化而变化，所以中长跑运动员必须进行专项训练系统，并与专项运动能力的改善和提高科学地融为一体，严格遵循身体素质与运动机能及专项运动能力相互促进、协调发展的规律，才能有效地促进专项运动成绩的逐步提高。

要想获得身体训练最佳效果，必须做到：①身体素质训练的方法和手段与专项特征和个人特点相统一；②用力结构、动作速度和频率与专项运动技术用力结构一致；③身体素质训练造成的生理负荷程度与专项训练、比赛时生理负荷程度一致。

采用每周进行2～3次的不同代谢机制的力量循环练习，与大负荷强度训练相结合，既获得了整体力量的协调发展，又促进了速度、速度耐力和运动机能的提高。近几年来普遍认为，中长跑运动员身体训练与专项训练的科学化结合，是提高运动成绩的主要原因之一。

第五节　马拉松运动技术与训练要点

一、马拉松跑的运动技术

马拉松跑技术与长距离跑技术相似，由于它的距离超长，

并且是在公路上进行，要保持在相当高的水平速度下跑很长时间，所以马拉松跑应注重跑进时动作协调、合理、节省体力，这样方能保持适宜的跑速。

马拉松跑技术一般要求：一是跑的技术的经济性要高；二是跑的技术要适合长时间在公路上跑的特点；三是要掌握在各种地形（上坡、下坡、转弯、折返）上跑的技术和稳定的呼吸节奏。

马拉松跑的技术动作应当轻松、自然，适当缩短步长，加快步频，减少能量消耗（见图2）。马拉松跑着地缓冲阶段的动作有重要意义。正确的着地缓冲技术，可以减小地面对人体的冲击，使水平速度的损失减少到最低限度，并为有效的后蹬和前摆创造有利条件。在脚着地瞬间，小腿几乎处于垂直的姿势，用前脚掌或前脚掌外侧着地，然后过渡到全脚掌。着地动作要柔和、放松，没有"扒地"动作。着地点距身体重心投影线应尽可能近些。

图2　马拉松跑的技术动作

当身体重心离开支撑点时，开始后蹬和前摆。后蹬时注意髋关节要充分伸展，膝关节不必伸直，积极伸展踝关节结束后蹬。在后蹬的同时进行前摆，前摆的大腿抬得不高，向前摆动的动作大于向上的动作。后蹬腿蹬离地面后，屈膝向前摆动，膝关节弯曲程度小，小腿与地面几乎是平行的。后蹬要注意减小后蹬角，以减小身体重心的上下起伏。

在马拉松跑中，上坡跑和下坡跑的技术有显著差异，上坡跑时，应稍加大上体前倾，缩短步长，为了保持跑速，可用加快步频的方法来补偿步长缩短的损失。下坡跑时，步长适当加大，上体正直，可用全脚掌或足跟外侧先着地，步频可适当慢些，以保持正常的跑速。马拉松运动员还应掌握逆时针跑、拐弯跑和折返跑的技术。要注意培养在跑进中服用饮料的能力。避免在比赛中因拐弯、折返和服用饮料而破坏跑和呼吸的节奏。

二、马拉松跑的训练要点

马拉松运动员需要有健康的身体、良好且全面发展的身体素质、合理的技术和坚强的意志品质，善于分配体力、采取灵活多变的战术。

（一）马拉松跑的素质训练

有氧代谢能力是决定马拉松运动水平的重要因素之一，而最大吸氧量是衡量有氧代谢能力的重要指标。最大吸氧量的增长与运动员的成绩呈线性关系。这就要求马拉松跑运动员进行多年的大运动量训练，负荷量在多年训练中要有计划地增长。

当前，世界优秀马拉松跑运动员每月的训练量在800～1000千米，他们每周的训练量经常突破200千米，这使得他们在比赛中体力充沛，战术运用自如，成绩不断提高。在大量跑的训练中，要有效地选择跑的训练手段，找到适宜的量和强度，使运动员不易产生疲劳和肌肉损伤，以便系统地进行训练。

高原训练已成为中长距离跑和马拉松跑运动员不可缺少的训练手段，通过高原训练可增加血红蛋白数量，提高血液供氧能力，提高运动水平。

马拉松跑的优异成绩在很大程度上还取决于速度的训练水平。有氧-无氧混合代谢能力和无氧代谢能力是决定马拉松跑运动员速度训练水平的两个重要因素。改善和提高混合代谢和无氧代谢能力，能有效地促进专项运动水平的提高。随着马拉松跑运动的广泛开展，马拉松跑的训练发展很快，选手结构也有明显的改变。单一从事马拉松跑的运动员难以在国际大赛中取得优胜，世界马拉松强国都对马拉松运动员加强了长距离跑训练，很多长距离跑运动员随着年龄的增长也改练马拉松跑。现代马拉松跑的训练在保持着较大的负荷量的同时，不断在提高训练负荷强度。常见训练方式如下。

（1）发展一般耐力　公路跑、越野跑1.5～3小时，量大而速度不快的变速跑，长时间球类活动、骑自行车、游泳、滑冰、滑雪。

（2）提高专项耐力　节奏跑20～40千米（要按每千米平均强度跑），提高速度的野外跑（1.5～2小时），长段落的检查跑（10～30千米），长距离和超长距离的测验、比赛，越野跑或公路跑比赛。

（3）身体训练 加大难度的上坡跑、沙滩跑、松软草地跑、顶风跑、雪地跑、台阶跑，沙袋、哑铃、壶铃、实心球、各种跳跃或克服自身体重的力量练习，其他运动项目。

（4）提高专项速度和速度耐力 中长距离的间歇跑、反复跑，中长距离的接力跑，与中长距离跑运动员共同训练。

（二）马拉松跑的技术训练

尽管马拉松跑的技术结构比较简单，但是运动员要长时间在不同地形的公路上跑，对技术的经济性要求较高。因此，应根据马拉松跑自身特点以及技术形成和改变的内在规律，科学地安排马拉松跑的技术训练。

在马拉松跑的基础训练阶段，应重点掌握主要的技术动作，改进技术中的错误动作。因此，首先应该让运动员建立正确完整的技术概念，了解自己的技术动作缺点。其次，在完整跑的训练中，要不断指出运动员需要改正的错误动作，引起运动员的高度重视，在训练实践中，有时稍不注意或稍不提醒，原有的错误动作又会出现，这时就需要不断地强化，直到改进为止。改进和提高马拉松跑动作实效性的训练手段和方法可以放在耐力训练课或其他训练内容的课后，这对提高马拉松跑运动员实践能力有明显的效果。

马拉松跑技术训练应有机地贯穿全年，以完整技术为主，结合专门性练习并过渡到改进完整技术，同时将专项素质训练与技术训练融为一体。这样在全年各时期的各阶段多方面进行

系统学习和改进，马拉松跑的技术训练效果才会更好。

第六节 3000米障碍跑运动技术与训练要点

一、3000米障碍跑的运动技术

3000米障碍跑的起跑、起跑后加速跑、障碍间跑、终点跑技术与中长距离跑技术基本相同。因此，本节主要叙述越过障碍栏架和水池的技术。

（一）跨越障碍栏架的技术

越过障碍栏架的方法有"跨栏法"和"踏上跳下法"两种。

1.跨栏法

跨栏法是快速越过障碍栏架的一种理想方法，优秀运动员都采用这种方法。其技术与400米栏技术基本相同，但由于3000米障碍跑距离长，速度比跑400米栏慢，再加障碍栏架横木比普通栏板厚，因此起跨点较近，一般为1.50～1.70米。另外，起跨蹬地角度比跨400米栏略大，身体重心腾起略高，起跨腿向前提拉动作也稍慢。整个跨越障碍栏架动作，应比400米栏的过栏动作省力和自然（见图3）。

图3　跨栏法越过障碍技术

2.踏上跳下法

踏上跳下法是一种比较简单、省力的越过障碍栏架的方法。但速度比跨栏法慢一些，适于初学者或运动员疲劳时采用。这种方法起跨点很近，一般为1.00～1.30米。起跨后用摆动腿前脚掌或掌心踏上栏顶横木，上体前倾并迅速屈膝防止身体重心升高。当身体重心移过支撑点时，支撑腿再迅速做蹬离障碍栏架动作，另一腿向前迈出用前脚掌首先着地，然后继续向前跑进。应注意，蹬离栏架动作不要用全力进行，也不应过分追求下栏架的远度。整个踏上跳下动作应做得轻快、柔和（见图4）。

（二）跨越水池的技术

跨越水池是3000米障碍跑最困难的动作，其技术也最复

杂。因为运动员要先踏上障碍栏架，再由栏架上跳起，越过长3.66米的水池。因此，掌握正确的跨越水池的技术在3000米障碍跑中非常重要。

图4 踏上跳下法越过障碍技术

当跑至距离水池15米左右处时，运动员应加快跑速，并通过目测判断调整步伐，以便准确地踏上起跨点，起跨点距离障碍栏架1.20～1.40米。一般用力量较弱的腿起跨，用有力的腿踏上栏顶横木，以利于集中力量跨越水池。

起跨时，蹬地腿迅速蹬直，摆动腿屈膝向前上方摆起，用前脚掌或掌心缓和地踏上栏顶横木。上栏架后上体要加大前倾，并迅速屈膝，以缓冲对障碍栏架的冲力和为跨越水池做好准备。与此同时，起跨腿迅速屈膝向支撑腿靠拢。当重心移过障碍栏架时，支撑腿开始做蹬离障碍栏架动作。这时，摆动腿屈膝迅速向前上方摆出，两臂也提肩前摆（或摆动腿异侧臂前摆），上体保持适度前倾，支撑腿迅速有力地蹬离障碍栏架。蹬离障碍栏架后，稍向前上方腾起并在空中成"腾空步"姿势，然后后腿向前腿靠近，接着前腿稍下压，膝关节自然伸直。着地时，上体仍要适当前倾，后腿屈膝迅速前摆，使身体重心尽快移过支撑点，迅速迈出跨越水池后的第一步继续向前跑进。应尽量省力地跨越过水池或在浅水处落地，这样既可减少体力的消耗，又能减少水平速度的损失（见图5）。

图5　跨越水池技术

近些年来，少数优秀运动员在跑前几圈时，用直接跨越的方法越过水池。采用这种方法时，要求运动员在距离水池10～15米时跑速要加快，然后像跨越障碍栏架一样越过水池。采用这种方法，虽然能提高跨越水池的速度，但体力消耗增大，对运动员的身体训练水平要求也更高。

二、3000米障碍跑的训练要点

1.建立完整正确的技术概念

（1）掌握障碍跑的技术特点和要求，熟悉障碍跑训练的要求和注意事项。

（2）熟悉障碍跑的场地、障碍栏架和水池的规格、设置以及比赛规则。

（3）掌握跨越障碍栏架和水池技术动作。

（4）利用障碍跑技术图片、录像等直观教具，学习跨越障碍栏架和水池的基本方法。

2."踏上跳下法"越过障碍栏架技术练习

（1）慢跑到中等速度跑10～15米，然后起跨踏上跳箱，反复做"踏上跳下"练习。跳箱高度由低逐渐升高：男子70～90厘米，女子55～75厘米。

（2）方法同上，跳下后向前跑10～15米。跳箱高度逐渐升高。

（3）中速跑10～15米，在标准的障碍栏架上做"踏上跳下"练习，跳下后继续向前跑10～15米。

（4）中速跑15～25米，用"踏上跳下法"越过3～5个标准的障碍栏架，栏间30～40米。

注意事项：

（1）练习由易到难，循序渐进；要求轮流用左右腿起跨。

（2）要求摆动腿要轻松踏上障碍栏架横木，及时屈膝团身，快速迁移身体，迅速蹬离障碍栏架，使身体重心尽可能低地由障碍栏架上通过。

（3）练习时，障碍栏架前放一块海绵垫，跳下时脚落在较软的海绵垫上克服心理障碍，防止运动损伤。

3. "跨栏法"越过障碍栏架技术练习

（1）复习跨栏跑的专门练习，要求左右腿轮流起跨。

（2）慢跑到中速跑10～15米，跨过4～6个普通栏架。要求男子栏高91.4厘米，女子栏高76.2厘米；男子栏间距离9.50～10.00米，女子9.00～9.50米；栏间跑4步；左右腿轮流起跨攻栏。

（3）反复用中速跑跨越"宽栏板"障碍栏架。

（4）反复用中速跑跨越标准障碍栏架，要求左右腿轮流起跨。

（5）中速跑跨过3～5个障碍栏架，要求栏间距离30～40米。

注意事项：

（1）要求障碍栏架逐渐升高，逐渐趋于标准化，要求左右腿轮流起跨。

（2）注意培养运动员目测起跨点的能力。

（3）强调障碍栏架前和障碍栏架后的高重心，障碍栏架上的低重心。开始学习跨越障碍栏架时，身体重心在障碍栏架上可稍高些，随着技术动作的掌握和熟练，应逐渐降低重心高度。

4.跨越水池的技术练习

"踏上跳下法"越过障碍栏架和水池的技术练习内容如下。

（1）在沙坑前放一低跳箱，沙坑假设为水池，在距低跳箱3.66米处画一条白色标志线，让运动员短距离助跑，采用"踏上跳下法"反复练习跳过水池技术。

（2）将低跳箱放在水池前沿，中速跑采用"踏上跳下法"，跳过无水的水池，落水池后继续向前跑10～15米。

（3）中速跑10～15米，采用"踏上跳下法"踏上障碍栏架，跳过无水的水池。

（4）中速跑10～15米，采用"踏上跳下法"跨越有水的标准水池。

（5）中速跑25～35米，采用"踏上跳下法"跨越有水的标准水池。

注意事项：

（1）练习时，跑速由慢到快，逐渐提高难度。水池里摆放垫子，以减轻腿部负担，避免受伤，克服心理障碍。

（2）在踏上障碍栏架时屈膝团身，蹬离障碍栏架的动作应积极有力。

（3）要求向前跳，不要向上跳，避免身体腾起过高而降低水平速度，落入沙坑后继续向前跑10～15米。强调身体平衡，特别要注意安全，鞋底和障碍栏架上不要有湿土，水池底要铺好防滑垫。

用"跨栏法"越过障碍栏架和水池的技术练习方法和手段与用"踏上跳下法"时基本相同。

注意事项：

（1）采用"跨栏法"越过障碍栏架和水池，技术难度较大，要求较高。在障碍跑技术达到较高水平之后，再进行"跨栏法"越过障碍栏架和水池技术的练习。

（2）跨越障碍栏架后的落点距障碍栏架要远，随着技术的熟练，应逐渐加大这个距离。注意克服运动员的恐惧心理，培养其顽强拼搏的精神。

5.障碍跑全程技术训练

（1）缩小场地，越过1～2个障碍栏架和水池。在场内距水池30米处放一个障碍栏架。按事先画好的路线跑进，然后将场地适当扩大，放两个障碍栏架。

（2）在水池前后30～40米处，各放置一个障碍栏架，反复进行"越过障碍栏架—水池—障碍栏架"的练习。

（3）跑一圈，越过5次障碍（包括跳一次水池）的练习。注意改进两腿跨和踏上栏架的技术，要在尽量不改变节奏的情况下快速越过障碍。

（4）半程或全程障碍跑练习。做此练习时，教练员可计

时，保证技术动作规范的情况下，培养运动员的速度感觉。

注意事项：

（1）改进完善左右腿都能起跨和踏上障碍栏架技术，在保持跑的动作结构和节奏的前提下快速越过障碍栏架和水池。

（2）在掌握基本技术之后，应采用固定的障碍栏间距离进行练习。

（3）练习时，要不断提高跑的速度，改进完善跨越障碍栏架和水池技术，强化运动员目测能力和调整能力。

第五章
跳跃类项目

第一节　跳远运动技术与训练要点

一、跳远运动的基本技术

跳远原本是一种为了克服水平障碍的跳跃类运动，随着田径运动的发展，才形成了当今的跳远运动。跳远的完整技术动作由助跑、起跳、腾空和落地等动作组成。运动员沿直线助跑，在起跳板前沿线后用单足起跳，经腾空阶段，然后用双足或其他部位在沙坑内完成落地。

（一）助跑

在跳远运动中，助跑速度在很大程度上决定着跳远成绩。跳远的助跑应在尽量充分利用起跳区域的前提下，获得较高的水平速度。数据显示，许多优秀职业运动员的最好成绩均是在93%～95%的助跑可控速度下取得的。

1.助跑方法

助跑的方法与助跑起动的方式、助跑加速的方式有关。以下对这两个方面进行详细分析。

（1）助跑起动　助跑的起动方式有两种：一种是从静止状态开始，一般采用两腿前后分立的"站立式"起动姿势；另一种是走几步或走跳步结合踩上第一个标志点，行进间开始的起动。第一种助跑的起动方式，前三步的步幅和速度变化较小，有利于提高助跑的准确性。第二种助跑的起动方式，助跑比较自然，动作比较放松，但每次踩上标志的位置和速度不易控制，对准确踏板提出了更高的要求。

（2）助跑加速　助跑加速的两种主要方式是积极加速和逐渐加速。

积极加速方式是指助跑一开始就跑得很积极，始终保持较高步频，这种加速方式能更快达到较高的助跑速度。积极加速助跑的特点是开始几步的步长较短、步频较快，上体前倾也较大。积极加速助跑适合于绝对速度较快的运动员，但因助跑动作紧张，起跳的准确性差，所以优秀运动员很少采用这种方法。

逐渐加速方式一般是在加大步长或保持步长的基础上提高步频，这种加速所需时间相对长些，但加速过程比较均匀平稳。因此，跑的动作比较轻松、自然，起跳的准确性较好，使得跳远成绩也较稳定。

无论是积极加速还是逐渐加速，都必须在助跑最后的4～6步达到最高助跑速度。在助跑最后10米中，能否达到并保持高跑速进入起跳阶段是助跑技术的关键。

2.助跑的距离

在跳远运动中，为了保证助跑阶段的顺利完成，应确定合理的助跑距离。助跑距离过长或过短，都不利于助跑速度的发挥与利用，影响起跳的效果。一般来说，运动员的加速能力和加速方式是决定助跑距离长短的主要因素。

通常根据运动员40米和100米跑的成绩来确定运动员的助跑距离和助跑步数。

除以上决定跳远助跑距离的因素外，跳远的助跑距离还需要根据比赛时外界条件的变化以及运动员的身体状况进行相应的调整，因此跳远助跑距离并不是固定不变的。

3.助跑最后几步的技术

对于助跑技术来说，最后几步（6～8步）助跑是整个助跑技术的关键。在最后几步助跑中，既要保持高速度，又要做好起跳准备。这是一个难度较大的技术环节，因此，运动员的技术风格和特点往往体现在这一阶段。最后6～8步的助跑技术，主要表现为两种技术特征，一种是最后几步的步长相对缩

短，步频明显加快，形成一种快速进入起跳的助跑技术节奏；另一种是在步长相对稳定的情况下，加快步频，形成快速上板的助跑技术特征（步长没有明显的变化）。如今，优秀运动员普遍采用第二种跑法。这种最后几步呈加速状态的助跑技术，使助跑与起跳的衔接更加紧密。

在完成最后几步助跑时，应注意以下几点。

（1）强调保持跑的动作结构，保持高速度，而不要过多地强调起跳前的准备动作。因为后者会导致跑的动作结构改变和跑速下降，而这一结果又与起跳方式有密切的关系。采用制动较大的起跳方式，必然会使最后几步助跑在跑的动作结构上发生较大改变，从而导致速度下降。所以，起跳前应做好心理和神经系统方面的准备，不应在动作形式上出现明显变化。保持跳远助跑的动作结构，是现代跳远技术的一大特征。

（2）强调保持较高的身体重心，而不强调起跳前的身体重心下降。起跳前出现身体重心下降是由跑转入跳的一种自然形式，是"无意识"的。

（3）强调最后几步的动作节奏，尤其是最后三步。最后三步的步长比例一般为中、大、小（倒数第三步中等，倒数第二步大，倒数第一步小）。这种步长之间的比例关系是人体用力的自然表现形式。如果要求运动员有意识地去做，势必会造成后几步动作僵硬甚至变形。实践表明，优秀运动员助跑最后几步的步长，与运动员的身体机能和技术特点有密切关系，并存在明显的个体差异。所以，运动员不需要去模仿他人，而应根据自身的特点找出适合自己的最后几步步长。

在助跑的最后几步，运动员要保证技术的完美发挥，还需要有正确的心态。国外曾有人做过心理定向试验，当要求运动员在"可以跑过起跳板"的前提下进行助跑和跳远时，最后几步助跑的速度达到了最高点，与起跳的衔接更加紧密。带着"强有力的起跳"心理完成跳远时，最后几步助跑中容易出现动作僵硬、减速、身体重心过低和左右偏斜问题。因此，在教学训练中，特别是对初学者，建立正确的跳跃心理定向，强调"可以跑过起跳板"的前提下去完成动作，有助于最后几步助跑速度的发挥，也有助于助跑与起跳的紧密结合。

4.助跑节奏

节奏是人们对时间的一种知觉。良好的助跑节奏有利于运动员提高准确踏板的信心，从而更容易获得较高的水平速度，快速合理地进入起跳阶段。

改进和完善助跑节奏对跳远成绩的提高具有重要意义。在实践中，为了掌握助跑节奏，可进行比全程跑步数多2～4步的反复练习。在反复跑中逐渐、平稳地提高步频、步长和水平速度。通过反复练习中的肌肉记忆与技巧内化，可以较好地掌握助跑节奏。

5.助跑的标志

助跑标志的正确设置，不仅可以稳定步长、形成较好的助跑节奏，还可以提高运动员准确踏板的信心。对初学者和年轻运动员而言，利用助跑中的标志训练助跑速度、节奏和准确性是很有益处的。对于水平较高的运动员，则最好不用标志，因为设置标志，毕竟要分散运动员的注意力，从而影响水平速度的发挥。

一般情况下，运动员可设两个标志，第一标志设在起跑线上，第二标志设在距起跳板6～8步处。正确的标志应该做到以下两点：一是标志清晰可见，二是标志应设置在合理位置，不能分散运动员的注意力，否则容易破坏助跑的连贯性，导致助跑速度下降。第二标志主要是用来检查助跑的准确性，提示后几步的加速节奏。在实践中不应为了适应助跑标志而破坏自己快速助跑的节奏，这样就失去了设立标志的意义。最后，助跑的标志应该随着运动员训练时期运动素质和技术的不同变化，做出相应的变动。

掌握正确的助跑方法是准确踏上起跳板的基础。因此，要做到以下两点：第一，固定起动姿势、前3步步长与加速方式，起跑后前3步的步幅和节奏对助跑的稳定性和准确性至关重要，应准确把握；第二，要有一个相对稳定的助跑距离，对已经确定了的助跑距离要根据变化的外界条件，如风向、气温、助跑道质量、比赛时间及自身的身体状态，反复多次地进行全程助跑的检查和调整，以适应准确踏板的要求。

（二）起跳

起跳是改变人体运动方向的主要技术环节，主要任务是在尽量减少水平速度损失的情况下，获得必要的垂直速度，改变身体重心的运动轨迹，创造适宜的腾起角，身体重心的腾起初速度越大，越有可能跳出好成绩。优秀运动员在整个跳远过程中，腾起初速度可达9.2～9.6米/秒，身体重心腾起角呈18°～24°，腾起高度可达50～70厘米。

起跳动作要求连贯、流畅，最好是一气呵成。起跳动作包括起跳脚着板、弯屈缓冲和蹬伸三个过程。

1.起跳脚着板瞬间

起跳脚着地时，起跳腿几乎伸直，与助跑道呈60°～70°，用脚跟先触及地面并迅速滚动到全脚掌着地。上体保持正直的姿势，眼睛注视着前上方，在起跳脚着地前，摆动腿已经开始折叠并迅速前摆跟上起跳腿。在起跳脚着板瞬间，两臂摆动到靠近躯干两侧。

2.弯屈缓冲

在起跳脚着地的瞬间，由于助跑速度的惯性和身体重力的作用，对起跳腿产生了很大的压力，迫使起跳腿的髋、膝、踝三关节很快地弯屈缓冲。膝关节角一般呈140°～150°。在起跳腿弯屈缓冲过程中，髋部迅速前移，并带动摆动腿积极折叠前摆。两臂配合腿的动作继续摆动，起跳腿同侧臂自体后向前摆动，异侧臂自体前向后摆。上体保持较直的姿势，使身体重心处于相对较高的位置。

3.蹬伸

当身体重心及时而准确地移压到起跳腿上时，起跳腿就快速用力蹬地，充分蹬直髋、膝、踝三关节，同时摆动腿以髋发力带动大小腿成折叠状，以膝领先，快速而协调地向前上方摆动。两臂协调一致地配合腿的动作向前上方摆动，摆至上臂与肩平时，要有意识地做"突停"。这样不仅能起维持平衡的作用，而且能减小起跳腿的压力，增加起跳腾起的速度。蹬伸动作结束时，起跳腿髋、膝、踝三关节充分蹬伸，蹬地角约75°，摆动腿大腿接近抬平，小腿自然下垂，上体和头部保持正直，两臂摆出体侧上方。整个蹬伸动作应做到快速积极和充分有力，腾起角控制在18°～24°，腾起初速度达9.2～9.6米/秒，起跳时间为0.1～0.13秒。

（三）腾空

腾空的主要技术体现在"腾空步"上，它是指当运动员起跳腾空后，摆动腿进行屈膝前摆，摆至大腿接近水平位置，起跳腿自然放在身体后面，这一起跳结束时身体姿势在空中的延续过程。

"腾空步"以后的空中姿势主要包括蹲踞式、走步式和挺身式三种。

1.蹲踞式

"蹲踞式"跳远时，运动员在空中保持腾空步的时间较长。摆动腿抬得较高，膝关节的屈度较大，两大腿之间的夹角也较大。腾空步后，起跳腿向摆动腿靠拢，然后两腿一起上举，使膝接近胸部。此时，躯干不应过分向前，在距落地点0.5米处时，双腿几乎完全伸直，两臂继续向前下划，这种补偿动作有助于在落地前更好地前伸小腿和保持稳定性。

"蹲踞式"最大的不足之处是起跳后向前旋转的力矩较大，由于屈腿和上体前倾，下肢靠近身体重心，旋转半径减小，增加了角速度和旋转力矩，易产生前旋，迫使腿过早下放。因此，"蹲踞式"跳远时，要特别强调上体与头部保持正直姿势，以维持身体的平衡。

蹲踞式跳远虽然简单易学，但由于身体在空中呈团身状态，容易产生前旋，且由于近落地的这一阶段躯干前倾过大，会妨碍两腿充分前伸，影响好成绩的取得。

2.走步式

走步式跳远是在腾空阶段完成走步的动作，因而难度较大。当起跳动作完成后，身体呈现"腾空步"，处在身体前方的摆动腿应以髋为轴，用大腿带动小腿向下、向后方摆动，同时处在身体后方的起跳腿则以髋关节为轴，大腿向上抬摆，并且屈膝带动小腿前伸，完成两条腿在空中的交换动作，两臂也要配合两腿的换步进行绕环，起到维持身体平衡的作用。

当完成空中换步之后，摆动腿仍需要从体后屈膝前摆，与处在体前的起跳腿并拢，再在空中走半步。整个过程是两腿在空中进行两步半的走步，即从腾空步开始，摆动腿下放是第一步；起跳腿从体后摆至体前，两腿在空中换步是第二步；最后摆动腿从后向前提拉与起跳腿靠拢是半步。总算起来，相当于在空中走了两步半。

要在空中完成如此复杂的动作，就需要有较强的协调能力和维持身体平衡的能力，两腿的空中换步必须有两臂的相向运动配合，因此两臂在空中大幅度地绕环与两腿相配合是十分重要的。通常优秀运动员选择这种空中姿势。

3.挺身式

挺身式跳远的空中姿势比较舒展。完成挺身式空中动作，也是继起跳后的腾空步之后实现的。当起跳呈腾空步之后，处在体前的摆动腿伸展弯屈的膝关节，摆动腿小腿随之向前、向下、向后呈弧形划动，两臂也随之向下、向后再向前进行大幅度地划动；与此同时，处在身体后面的起跳腿与正在向后划动的摆动腿靠拢、挺身、屈髋、头稍后仰，充分拉开躯干前面的肌肉，整个身体展开成充分的挺身姿势。

当身体即将落地时，两臂向后摆动，躯干前倾，两腿迅速收腹举腿，小腿尽量向前伸出，用足跟落地。这种挺身式的空中技术能使身体充分伸展。由于躯体前面肌肉充分拉开，为落地前的收腹举腿和小腿的充分前伸做了很好的准备，对取得较好成绩创造了条件。挺身式跳远空中动作的难度在于维持身体平衡，因此要经常训练身体的协调和维持平衡的能力。

（四）落地

落地的任务是创造尽可能远的跳跃距离，并且防止伤害事故的发生。因此，选择一个适合自己的落地技术，可以更加充分地利用身体重心腾起的远度，取得更好的成绩。

落地的技术有两种，即折叠式落地法和滑坐式落地法。折叠式落地法是指运动员在腾空阶段经过最高点后，开始将两腿向上、向前伸出，上体向下折叠，两臂从上面向前并在落地前向后快摆。采用蹲踞式和挺身式的运动员多采用这种方法。滑坐式落地法是指在腾空最高点就开始折叠动作。及早做折叠动作，不影响和改变腾空路线，到最后把腿及骨盆前移，上体稍后仰，落地时如同坐着一般。一般情况下，滑坐式要优于折叠式。有人对同一运动员用两种方法进行实验，结果滑坐式落地比折叠式落地远20～30厘米。研究表明，滑坐式动作的身体重心相对后移，所得效益远远大于折叠式动作。

二、跳远运动技术训练要点

跳远运动的技术动作复杂、协调性要求高，既要求具备绝对速度，又要求较强的弹跳力量。因此，针对跳远运动，需要培养全面素质和专项素质。发展速度和弹跳力训练的方法有很多种，按照运动员的训练阶段、竞技水平、项目要求及个人特点等因素的差异，科学、合理地将速度训练和弹跳力训练有机结合，能有效地提高运动员的竞技能力。常用的方法有以下几种。

1. 小步跑

身体正直，提高身体重心，肩关节和两臂放松，大腿带动小腿做抬压扒地动作，髋、膝、踝放松，用前脚掌着地，步频逐渐加快，自然过渡到放松跑。

2. 车轮跑

摆动腿折叠，大腿摆至水平后，膝关节放松，小腿向上、向前、向下做快速摆动，同时大腿积极下压，带动小腿和脚扒地，上体保持正直，两臂屈肘，配合两腿做大幅度的前后摆动。

3.快速蛙跳

蛙跳是发展大腿肌肉和髋关节力量的练习。做蛙跳时，两脚分开成半蹲，上体稍微前倾，两臂在体后成预备姿势。两腿用力蹬伸，充分伸直髋、膝、踝三个关节，同时两臂迅速前摆，身体向前上方跳起，然后用全脚掌落地屈膝缓冲，两臂摆成预备姿势。快速蛙跳的练习需要强调速度，速度越快越好。

4.跳深

在一定高度上从静止状态跳下，下肢在重力和惯性的作用下迅速蹬伸，完成踏跳动作，使人体腾空。生理学家认为：肌肉在离心收缩后紧接着做向心收缩表现出来的力量，远远超过单纯的向心收缩表现出来的力量，它不仅能够发展跳跃力量，还可以加速起跳阶段的动作速度。

第二节　三级跳远运动技术与训练要点

一、三级跳远的基本技术

三级跳远指运动员经过助跑之后，沿着直线连续进行三次水平跳跃。在高速助跑的情况下，运动员要完成三次身体运动姿态的改变和的一系列相适应的技术动作，因此是田径运动中技术比较复杂的项目之一。

（一）助跑技术

助跑是运动员起动后经过一段距离的奔跑踏上起跳板的过程。助跑的任务是使运动员获得最快的水平速度，并为起跳做好准备。

三级跳助跑不同于跳远助跑，它需要在助跑中获得较大的向前水平速度，从而完成沿直线的三次不间断跳跃。通常，优秀运动员的助跑距离为40～45米，初学者需要35米左右的助跑。由于三级跳还需要在助跑阶段获得较快的水平速度，因此助跑一开始就要尽可能快地获得较大向前速度。为此，开始助跑时，身体可以保持较大的前倾，两腿的蹬、摆积极有力，两臂有力地积极摆动，两脚着地要富有弹性。这种起动加速可以在短时间内获得较大速度。当获得一定跑速后，为了快速、准确地踏上起跳板，需要尽快使步长稳定；保持身体重心的稳定，防止过大的起伏波动，而且应尽量跑在一条直线上。

1.起动方式

三级跳远的起动主要有两种方式，即前进过程中的起动方式与静止状态的起动方式。运动员不论采用哪种起动方式开始助跑，都应根据个人特点和习惯而定。下面分别对两种方式进行介绍。

（1）前进过程中的起动 一般采用走几步或慢跑几步或垫步等方式起动，踏上助跑标记后开始助跑。助跑易产生紧张的

人可采用行进状态起动。

（2）静止状态的起动　一般采用"半蹲式"或"站立式"的静止状态开始助跑。助跑准确性差的人应尽量采用静止状态起动。

2.助跑的距离和步数

助跑的距离和步数相互制约、相互影响，不可分开讨论。运动员的训练水平、个体差异、速度水平、加速能力、加速方式以及起跳能力等直接决定着助跑的距离与步数。因此，在运动员进行助跑时要注意必下几点事项。

（1）训练水平低者，助跑距离和步数要少，而随着水平的提高，助跑距离可逐渐加长，步数也应增加。通常情况下，男子运动员助跑距离较女子运动员要长些，步数也多些。

（2）采用积极加速方式助跑的运动员，其助跑距离比较短，而采用逐渐加速方式助跑的运动员其助跑距离会长些。

（3）速度水平和加速能力　速度水平低的运动员一般跑的能力也比较差，助跑距离可适当短些。反之，速度水平较高，跑的能力也高，助跑步数应多些，助跑距离应长些。加速能力强的运动员，助跑距离可短些。起跳能力强的运动员，在高速助跑中能准确地完成起跳，获得更好起跳效果，其助跑距离可长些；相反，助跑距离则应短。

需要指出的是，正处于生长发育期的青少年，由于身体素质和专项技术不完善，其助跑的步数一般是12～14步，随着年龄的增长和各项素质的提助跑步数也应随之增加。

3.步点的测定

助跑步点的测定有走步丈量法和跑步丈量法两种。

（1）走步丈量法 根据全程助跑的步数每走两步算作一步，比如采用12步助跑的运动员，丈量步点时就走24步。当丈量完步点后反复试跑几次，并进行适当调整。

（2）跑步丈量法 在跑道上起跑反复做加速跑，找出从起跑线到自己所确定的助跑步数脚印的相对集中点，用皮尺丈量下这段距离，然后移到三级跳远助跑道上反复练习，并进行适当调整。

通常而言，三级跳远运动员测量的助跑步点不固定。运动员在训练和比赛时应根据助跑道的软硬程度与弹性、气温、风向以及自己的体力状态等进行适当的调整。一般来说，助跑道松软且弹性差、气温低、逆风、体力状态不好时，助跑的距离要适当缩短。相反，在各种因素非常适合助跑时，助跑的距离要适当加长。

4.最后几步的助跑

助跑的最后4～6步，是起跳的准备阶段，也是整个助跑的关键。因此，这几步既要保持和发挥最高速度，又要做好与起跳准备的衔接，这是一个难度较大的技术环节。一般来说，最后几步的助跑技术有两种：第一种是最后4～6步将步子放小，频率加快，形成一种快速助跑节奏；第二种是在步长相对稳定的情况下，加快步频，最后几步的步长没有明显的变化。

目前，优秀三级跳远运动员大都采用第二种跑法，因为在步长不发生显著变化的前提下，增加步频，有利于保持和发挥最高跑速使助跑和起跳衔接得更为自然。

（二）起跳技术

1.第一跳

三级跳远的第一跳的规定为单足跳。它对于第二、三跳的完成具有重要作用。因此，这一跳是三级跳远技术中最复杂也是最关键的技术环节。单足跳起跳从助跑最后一步摆动腿蹬离地面，起跳腿快速积极地踏板开始。整个过程包括起跳腿着地、身体重心移过垂直支撑点和蹬离起跳板。此阶段要求运动员以助跑和起跳动作的合理、有效的衔接作保证，在达到必要远度的前提下，尽可能减少水平速度的损失。单足跳的基本技术的要领主要包括以下几点。

（1）助跑最后一步时，摆动腿积极有力地蹬地，起跳腿以积极、自然的动作踏向起跳板，落地前大腿抬得比平跑时稍低些，下落要快速积极，但着地要柔和。脚落地时，要有明显的"扒地"动作。此时，上体保持垂直式适度前倾，起跳脚的着地点应距身体重心投影点较近。优秀运动员单足跳的着地角度为69°±3°。

（2）起跳腿着地后，因力的作用，迫使膝关节弯曲，随着身体的前移，踝关节背屈加大。上体和骨盆应快速向前移动，同时摆动腿积极前摆，大、小腿折叠，脚跟靠向臀部，整个身体像一个压紧的弹簧，处于蹬伸前的最有利状态。随着身体的快速前移，起跳腿要及时进行爆发性的蹬伸动作，同时摆动腿和两臂迅速向前上方做大幅度的摆动。

（3）起跳结束时，运动员上体应正直，起跳腿的髋、膝、踝三个关节充分伸直，摆动腿屈膝高抬，同时抬头、挺胸，两臂摆起。优秀运动员的起跳角为$62°±2°$，身体重心腾起角为$17°±1°$。起跳的腾起角十分重要，过多地增加腾起角会导致损失更多的水平速度。较高的腾空轨迹会增大第二跳起跳腿的负荷，对后面两跳将产生不良的影响。

（4）起跳结束后，运动员进入腾空阶段。在保持一段"腾空步"后（腾起1/3距离）摆动腿自然向下、向后摆动，起跳腿屈膝前抬，大、小腿收紧，足跟靠近臀部。接着摆动腿后摆，起跳腿向前高抬，小腿自然下垂，完成换步动作。

（5）换步动作结束后，起跳腿继续向前上方提拉，髋部积极前送，摆动腿和两臂向后摆至最大幅度。换步动作应当做到适时、连贯，过早或过晚都会影响下一跳的远度。

在腾空阶段中，应采用前后摆臂的形式，使两臂配合下肢的换步动作，经由体前拉向身体的侧后方。因为第一跳是在快速助跑情况下进行的，这种方式可以减小对跑速的影响。

2.第二跳

从第一跳的着地动作开始，就应准备第二跳（跨步跳），跨步跳的技术如下。

（1）在第一跳腾空过程的后1/3段，身体开始下降。此时起跳腿继续高抬，摆动腿充分后摆，以加大两大腿的夹角。同时，两臂拉到身体的侧后方，为起跳做好准备。由于身体从高处下落着地，中心的落差大而产生很大的冲击力，这

就给第二跳的起跳增加了难度。正确的动作应该是，起跳腿积极下压，做有力的扒地动作，同时摆动腿和两臂要有力地向前摆动。为了避免由于急剧的冲击而造成过分的缓冲，着地时腿不能完全放松，膝部、踝部和大小腿的后群肌肉都要保持适度的紧张，使身体重心保持在较高的位置上。为了便于向上跳，上体应保持正直。优秀运动员的着地角为68°±2°。

（2）起跳腿着地后，要及时屈膝、屈踝，进行"退让"，以促使身体快速前移。当身体重心接近支撑点上方时，摆动腿和两臂快速有力地向上摆动，身体向上伸展，起跳腿做快速有力的蹬伸动作。在蹬离地面的瞬间，起跳腿的髋、膝、踝三关节充分伸直。第二跳的起跳角比第一跳稍小，腾空高度较低，腾起角也较小。

（3）腾空后，运动员要保持较长时间的跨步姿势。在这个过程中，摆动腿积极上提，上体前倾，起跳腿屈小腿向后摆动，使两大腿的夹角达到最大。在腾空的后半段，许多优秀运动员的两腿做反弹式的回摆动作，这不仅有利于身体平衡，也有助于下一跳的起跳。

3.第三跳

由于三级跳的前两跳已经使得助跑的水平速度明显下降。因此，第三跳要充分利用剩余的水平速度，尽可能提高垂直速度，以获得一个较高、较远的腾空轨迹，从而取得第三跳的最大远度。

第三跳的着地角要稍小于前两跳，为66°±2°，这样能够有利于运动员获得较大的垂直速度。着地后，起跳腿屈膝、屈踝，积极缓冲，身体快速前移，摆动腿和两臂快速有力地向前上方摆出。起跳时注意伸髋、伸背，保持上体正直。起跳结束瞬间，起跳腿髋、膝、踝三关节充分伸直，并与上体成一直线，摆动腿和两臂高摆，以增加身体重心向上移动的距离。第三跳的起跳角和腾起角都稍大于前两跳，分别为63°±3°和18°±2°。

此外，在三级跳远技术中，安排好第一跳、第二跳及第三跳的长度比例是一个很关键的技术环节。第一跳是在较快的向前运动中完成的，第一跳的长短直接影响后两跳的技术，第一跳如果过长或过短对后两跳都不利；通常是相对地固定第一跳的长度，在此基础上尽量增加第二跳和第三跳的长度。

4.腾空和落地

落地的任务是创造尽可能远的跳跃距离，并防止伤害事故的发生。因此，选择一个适合自己的落地技术，可以更加充分地利用身体重心腾起的远度，取得更好的成绩。

落地的技术有两种，即折叠式落地法和滑坐式落地法。折叠式落地法是指运动员在腾空阶段经过最高点后，开始将两腿向上、向前伸出，上体向下折叠，两臂从上面向前并在落地前向后快摆。采用蹲踞式和挺身式的运动员多采用这种方法。滑坐式落地法是指在腾空最高点就开始折叠动作。及早做折叠动作，不影响和改变腾空路线，到最后把腿及骨盆前移，上体稍后仰，落地时如同坐着一般。一般情况下，滑坐式要优于折叠式。

二、三级跳远技术训练要点

（一）基础技术训练

（1）原地和短助跑的五级跳。

（2）原地和短助跑的十级跳。

（二）专门练习手段

（1）单脚跳、跨步跳。

（2）单脚跳接跨步跳、跨步跳接单脚跳。

（3）上下坡单脚跳、跨步跳。

（4）2～4步助跑起跳交换腿。

（5）原地或2～4步助跑十级跳（单脚跳和跨步跳）。

（三）利用器械的辅助练习

（1）原地三级跳（第二跳跨过实心球）

（2）原地三级跳（第三跳越过高物）。

（3）连续单脚跳（越过实心球）。

（4）连续跨步跳（越过实心球）。

（5）原地从30～50厘米高物上，向下的三级跳。

（6）4～6步助跑踏跳板起跳的三极跳远。

（7）4～6步助跑三级跳远（第二跳在40～50厘米高物上起跳）。

（8）4～6步助跑三级跳（第三跳在40～50厘米高物上

起跳)。

(9)不同助跑距离的左、右脚跳远。

(四)完整三级跳远训练

(1)限定三跳比例的三级跳远。

(2)4～6步助跑三级跳远。

(3)8～12步助跑三级跳远。

(4)全程助跑三级跳远。

(五)技术训练注意事项

1.初级和基础训练阶段

(1)较熟练地掌握单脚跳和跨步跳技术。

(2)掌握两脚都能进行正确起跳的技术。

(3)用连续的单脚跳、跨步跳,培养时间和空间的协调感,以及跳跃的节奏感。

(4)三级跳远时,助跑积极加速,助跑起跳结合自然连贯跳跃时保持合理的跳跃节奏和速度。

(5)跳跃时注意脚落地的技术和起跳时的用力时机。

2.专项提高和高级专项训练阶段

(1)提高专门练习的强度。

(2)助跑起动快,积极加速,重心平稳前移,节奏稳定,最后几步达到最大可控速度、快速准确地踏上起跳板。

(3)保持三跳协调积极、准确地落地技术动作和水平速度。

（4）三跳腾空中，上体保持正直，上下肢协调配合，维持身体平衡。

（5）采用适用于个人特点的三跳比例。

（6）提高完整三级跳远的训练强度，应不断地进行全程助跑的三级跳远。

第三节　跳高运动技术与训练要点

一、跳高运动基本技术

跳高运动项目一般采用投跨越式、俯卧式和背越式三种技术。下面以背越式跳高为例，分析跳高的基本技术动作。背越式跳高技术由助跑、起跳、过竿与落地四个部分组成。

（一）助跑

在进行跳高运动时，运动员首先要根据自身特点确定好助跑的弧线，从而为达到最大起跳效果创造有利条件。初学者一般采用"走步式丈量法"来确定助跑弧线。

先确定起跳点。起跳点位置即离近侧跳高架的立柱1米、离横竿垂直向下投影点50～80厘米处。由起跳点沿横竿的平行方向向前自然步走5步，再向右（右脚起跳则方向相反）转成直角，向前自然步走6步做一标记，再向前走7步画一起跑点。由标记向起跳点画一弧线连接，即成后4步的助跑弧线，前段为直线，也跑4步，全程共跑8步。

合理的助跑弧线，直接影响助跑速度的发挥和起跳的效果，甚至影响过竿技术的顺利完成。因此，运动员必须根据自己的具体情况来确定适当的助跑弧线，经过反复实践和反复调整，将其固定下来，用皮尺丈量数据，以便今后使用。

助跑分为两段，即直线段与弧线段。助跑直线段的方法应与普通的加速跑方法相似，先是以较快的速度跑，然后是助跑弧线段，所以身体向圆心倾斜，随着跑速愈快倾斜度愈大，前脚掌沿弧线落地。它的特点是身体重心高、步频快，小腿伸得不远，落地更为积极。这样便于保持较大的水平速度，有利于做快速有力的起跳动作，增加起跳的效果。

全程助跑要求快速、准确、自然、放松。跑的过程中应注意高抬膝关节。最后一步一般比倒数第二步短10～20厘米。

（二）起跳

起跳是将助跑时所获得的水平速度转变为垂直速度，以达到使身体腾空的目的。起跳要求和助跑的最后几步要衔接紧凑。起跳的动作可分为起跳、脚地缓冲和蹬伸三个阶段。

起跳的任务是通过一系列的起跳动作，使身体获得最大的垂直速度和适宜的起跳角度，使身体顺利地越过横竿。背越式跳高的起跳点一般为距离横竿的垂直面60～100厘米处。起跳动作是通过弯屈着的起跳腿蹬伸和摆动腿的屈腿摆动同时作用来实现的，这个过程是起跳腿自弯屈开始蹬伸，与此同时摆动

腿屈膝向前上方摆动，以髋发力带动摆动大腿，摆动腿小腿顺惯性与大腿折叠（形成屈腿摆动），当膝部摆至水平部位时应立即制动，但仍随惯性上摆带动同侧髋上摆。与起跳腿、摆动腿相协同的两臂与肩部也需要完成一系列动作，同时还要求肩部上提，两臂同时或采用单臂交叉的动作向横竿后上方摆出，帮助整个身体向上腾越，并且为整个身体沿额状轴旋转创造前提条件。

　　起跳时，起跳腿的髋、膝、踝关节必须充分伸直，这是直立腾起的关键所在，同时身体应尽量与地面保持垂直，使身体较为水平姿势的动作不是靠双肩倒向横竿所形成的，而是因骨盆比肩更迅速地上升的结果。

（三）过竿与落地

　　身体在起跳腾空后仍继续保持向上腾起的姿势。当摆动腿过竿时，上体前倾，脚尖内转下压。摆动腿过竿后，继续内转下压，同时起跳腿外旋上提，膝盖靠近胸部，小腿自然上摆与横竿平行。接着，上体开始抬起，摆动腿同侧肩也随着摆动腿的内转下压动作而向起跳腿方向扭转，两臂也向上抬起。这时，身体是沿纵轴旋转，以使上体和臀部能迅速过竿。起跳腿随着摆动腿的下压而抬高并绕过横竿后，摆动腿和起跳腿依次落入沙坑或海绵包、垫子上，并做屈膝缓冲。在两腿跨越横竿时，两臂下垂；起跳腿越过横竿后，两臂应上举，维持好身体的平衡。

　　在背越式跳高技术学习时，重点应放在起跳技术上，要注意助跑与起跳相结合。

二、跳高运动技术训练要点

（一）助跑起跳技术训练

（1）弯道节奏跑　以起跳脚沿跑道内侧跑，用前脚掌有弹性地高重心跑，逐渐加速，节奏明显，身体内倾。

（2）助跑起跳摸高　起跳摸篮板、摸高物，以提高单脚助跑起跳的协调能力和弹跳力。

（3）迈步送髋　在训练中强调摆动腿积极送髋和起跳腿小腿前伸，带动大腿迈出，脚跟先着地，迅速滚动至前脚掌着地，形成下肢超越上体的后仰姿势，膝关节伸直，使起跳腿和上体成一条斜线。

（4）原地屈膝摆腿　手扶固定支撑物，摆动腿屈膝向异侧肩高摆，起跳腿充分蹬直，提踵不离地。

（5）原地屈膝摆腿，起跳转体90°。

（6）上一步摆腿起跳转体90°。

（7）2～4步助跑起跳转体90°，用起跳腿落入沙坑。在起跳后要求头触高物，弧线助跑上体内倾，注意后三步节奏。

（8）弧线助跑起跳　沿弧线（R=5米）助跑2～4步连续起跳8～12次。

（9）垫上仰卧挺髋　要求开膝、提踵，挺髋后稍停顿，8～12次。

（10）做"背桥"　向后下腰做"背桥"练习，手触垫子时顶肩，两人一组，注意保护。

（11）背对海绵垫向后倒体提髋　原地提踵、屈膝、稍低头，向后倒体，用肩背着垫。

（12）原地双脚起跳，后倒挺髋挂膝，落入海绵垫。可站在助跳板上或跳箱盖上进行，越过一定高度的橡皮带，体会空中挺髋挂膝的肌肉感觉。

（13）上一步起跳转体90°，落入海绵垫。可在助跳板上或跳箱盖上进行，越过一定高度的橡皮带，体会空中转体动作。

（14）助跑摸高，跳过一定高度的橡皮带。

（15）四步弧线助跑起跳，挺髋挂膝于高台海绵垫上。

（16）全程助跑过竿。横竿用橡皮带，逐渐升高，达到可控高度后再降低，反复练习。

（二）过竿动作的各种练习

（1）原地用肩背着垫　原地自然后倒，尽可能直体，两臂斜上举，用肩背着垫。

（2）原地向后下"桥"　下桥时向上展髋，手扶垫时顶肩，然后用背着垫。

（3）原地后倒，向上送髋，用背着垫。

（4）原地双足蹬地，起跳后用背着垫，起跳角为85°，腾起角为75°。克服恐惧心理，落地后适当收腹举腿。

（5）仰卧垫上，屈膝，一脚置高台上，两臂向两侧伸展，然后向上提臀展髋。

（6）屈蹲，双手体后支撑高台，然后伸臂伸腿仰头挺髋。

（7）上步起跳，跳上高台用背着海绵垫。

（8）原地双足起跳，越过低竿（橡皮带）用背着垫。

（9）上一步起跳，摆动腿向异肩摆动转体背对横竿（橡皮带），到最高点时，仰头倒肩放腿，成"背桥"，背着海绵垫。

（三）背越式跳离技术训练中应注意的问题

（1）在训练和比赛中高度集中注意力。

（2）助跑要有节奏，速度要稳定，最大限度地利用助跑所获得的速度。

（3）助跑路线必须固定。

（4）助跑最后一步步长（起跳前一步）应比前一步短，而速度应更快。

（5）踏跳时，两臂应作快速有力的摆动，向上摆至眼的高度后，须立即回摆大腿部位。

（6）起跳腿应该正确地踏在起跳点上，并且不偏离助跑路线。

（7）在身体扭转的踏跳姿势中，起跳脚应在稍偏弧线助跑的切线方向着地，髋轴与横竿成45°，肩轴与横竿成90°。

（8）身体不要有过分后倾的姿势。

（9）进入踏跳时，外侧臂须继续不停地摆动。

（10）助跑最后一步，内侧臂应屈肘于身前，两臂不要同时后引。

（11）在起跳时，摆动腿的膝应积极摆至水平位置。

（12）身体不要朝横竿方向倾斜，应沿着垂直轴向上伸展。

（13）为了在起跳后使身体沿额状轴转动，在与起跳点连接的弧线助跑时，身体要向内圆心倾斜。

（14）踏跳时，为了获得合理的垂直姿势，身体应先向后倒。

（15）人体重心上升到最高位置时，才开始仰头倒肩，同时放腿。

（16）过竿时不能出现与横竿呈平行的身体横倒姿势。

（17）头部要固定，不要向侧转。

（18）小腿在过竿前，自然下垂。

（19）要掌握收腹举腿时机，当臀部过竿后，立即收腹，甩小腿。

（20）臀部过竿后，两臂和两腿向上举起，以背部落垫。

第四节　撑竿跳高运动技术与训练要点

一、撑竿跳高的基本技术

完整的撑竿跳高技术是由 5 个紧密相连的技术阶段组成的，

即持竿助跑，插穴起跳，悬垂、摆体和展体，拉引、转体和推竿，腾越过竿和落地。下面以左脚起跳、右手上握为例进行分析。

（一）持竿助跑

握持竿时，首先要确定适合自己的握竿高度。握竿高度是指从上手食指握竿处至竿头的距离。

握持竿方法：握竿时，先将竿头放在地上，使竿子自然弯曲凸面向下。右手在上握在握竿点上，左手握在右手下方，两手握距约同肩宽。持竿时，右手虎口向下，掌心向前，置于右侧髋骨上。左手掌心向下，屈肘持竿于胸前20～25厘米处。两臂和肩关节放松，竿头高举，使竿子的重量落在右手上。

目前多数男选手采用18～22步助跑，女选手多采用16～20步助跑，助跑距离的长短主要视运动员的加速能力而定。助跑起动的方式一般有两种：一种是原地起动，另一种是行进间起动。

持竿助跑开始时身体前倾，积极后蹬，平稳加速，肩和手随着跑的节奏轻轻抖动。随着跑速的增加，上体逐渐抬起，竿头适当降低，肩和手的运动幅度减小。由于助跑的最后几步准备起跳，竿头逐渐降低，运动员尽量高抬大腿跑，在保持步长的情况下加快步频，助跑节奏明显加快，并保持身体平衡。

（二）插穴起跳

插穴起跳是撑竿跳高技术的关键环节。插穴动作是从起跳

前两步开始的。在助跑倒数第二步时，竿子已逐渐下放到水平位置，左肘关节开始向下，手腕向上转为托竿，两手同时将撑竿上端向前上方举起，使撑竿处于头的正前方。最后一步时，继续向前上方举竿，使竿头平稳地插入穴斗，完成插穴动作。当起跳脚踏上起跳点时，竿头正好触到穴斗的前壁，进入支撑状态。

助跑最后一步起跳腿折叠前抬，大腿积极下压，自上而下地用全脚掌踏上起跳点，步长略小于倒数第二步。同时摆动腿积极向前屈膝摆动，身体保持肩、胸髋平行向前，躯干挺直，头部稍抬起。

起跳点应在握竿点的垂直投影点上。当身体重心移过起跳点时，右臂必须上举伸直，左臂保持弯曲，两臂同时用力顶竿，向前上方起跳。

（三）悬垂、摆体和展体

起跳蹬离地面后转入竿上悬垂，此时身体充分伸展，拉长体前肌群，使肩、胸、髋向前形成大幅度背弓姿势，起跳腿在体后保持蹬伸动作，摆动腿则保持屈膝前摆，躯干超过右手。在悬垂中身体重心最低，距竿子支点最近。

运动员从悬垂姿势开始向前上方做快速摆体动作。摆体的前一段叫长摆，从加快起跳腿的摆动开始，到身体重心摆至靠近竿弦（撑竿弯曲过程中竿头至握竿点的连线）时结束。在长摆过程中，摆动腿下放，身体保持伸展，右臂保持伸直，左臂顶竿。身体重心通过竿弦后的摆动叫短摆。进入短摆后，起跳腿自然前摆靠近摆动腿，髋微屈，以肩为轴积极向后压肩，同时腿积极前摆，使肩轴远离撑竿。当摆至背部与地面平行时，两腿并拢上摆，身体贴紧撑竿。

展体动作从两腿向上伸展膝关节开始。两腿伸膝上摆，接着伸展髋关节，并尽量举高臀部，使身体沿竿子伸展开，身体重心从握竿点下方向上方升起。展体结束时，形成直体倒悬垂动作，右臂保持伸直。

（四）拉引、转体和推竿

拉引转体动作是从竿子接近垂直时开始的。展体动作结束后，借助撑竿的反弹，双臂快速有力地沿纵轴方向做拉引动作。由于握距较宽，左臂先引体，右臂保持伸直，随后右臂开始引体，左臂则转入支撑和推竿。在两臂拉引的同时开始向左转体。转体时两腿并拢伸直，髋部靠近竿子。通过引体和转体动作，使身体保持平稳上升，形成竿上屈右臂的倒立姿势，然后开始向下推竿。推竿时右臂沿竿子纵轴向下快速用力，直到手臂完全伸直，两腿保持上伸姿势。

（五）腾越过竿和落地

完成推竿动作后，保持右臂和两腿伸直的向上腾起姿势。当大腿越过横竿后，两腿及时下压，收腹含胸低头，身体形成前弓姿势。胸部过竿后，头和肩后仰，两臂向上向后举起，顺势离开横竿。下落时低头收腹举腿，两臂靠近大腿，以背部先着垫，安全落在海绵包上。

二、撑竿跳技术训练要点

撑竿跳技术训练要点主要是针对助跑节奏、竿上节奏、助跑与起跳相结合的技术训练。具体训练方法如下。

1.橡皮筋牵引顶竿

用两根长3米左右的松紧适宜的橡皮筋，一根的中间由运动员脖子后绕过肩部从腋下向后牵引，另一根牵住腰部，由同伴牵住橡皮筋的末端控制松紧，运动员选择能够顶弯的竿子先插入穴中，举竿做起跳姿势丈量出起跳点，向后退3步，而后向前跑2步顶竿。这个练习既能增强进攻意识，又能防止运动员腰、肩受伤，以每组5～8次、3～5组为宜。

2.倒体压竿

选择软硬适宜的竿子，竿头顶在固定处（如墙角），运动员坐在20～30厘米高的跳箱上，背对竿头，两脚顶在固定的支点上，右手伸直持竿，左手握竿，肘外撑，向后倒体，通过右手牵引，左手外撑竿子弯曲，体会倒肩与展体动作，以每组5～8次、3～5组为宜。

3.垫上持竿倒体上展

摆动腿弯曲，起跳腿伸直坐在海绵垫上，双手握竿位于头前方，同伴正对运动员，双手握住竿头处控制竿子，运动员双手与躯干做起跳进竿动作，接倒肩后翻并向上展体，同伴按运动员节奏予以配合，还原后重复练习，以每组5～8次、3～5组为宜。

4.吊绳三步起跳接摆、翻、展

右手握绳，右脚在前，身体略向后退，右脚上抬后随回浪顺势向前跑三步，前两步边跑边做向上换把动作，最后一步时，左手在下呈正常握绳动作并完成起跳后翻和展体动作，以双脚夹住绳子倒挂在绳上结束，练习时注意跳、翻、展的节奏，以每组5～8次、2～3组为宜。

5.弯竿过远竿

短程助跑，使用较软的撑竿进行过竿练习，横竿架距1米左右，练习30次左右。

第六章
投掷类项目

第一节 标枪运动技术与训练要点

一、标枪运动基本技术

投掷标枪的完整技术是一个连续的过程。为了便于分析，可将其分为握枪、持枪、助跑、最后用力和维持平衡五个技术阶段。完整的技术通常是由肩上持枪经过一段助跑连接投掷步获得动量，通过爆发式的最后用力作用于标枪的纵轴上，将标枪经肩上投掷出去。

（一）标枪的握法

1.握枪（以右手投掷为例）

标枪的握法主要有普通式握法和现代式握法两种，每种握法都有其各自的特点。

（1）普通式握法　将标枪斜握在掌心，拇指与中指握住标枪绳把末端第一圈上端，食指自然地贴在标枪上，无名指与小指也自然握住绳把。这种握法能利用中指的长度，有利于加大投掷距离使标枪在出手时获得较大力量。

（2）现代式握法　用拇指和食指握住标枪绳把末端的第一圈，其余三个手指握住绳把。这种握法的主要特点是动作比较自然。运动员在握柄方式的选择方面，还需要根据自身的特色，保持手腕的轻松自如，使得标枪能够准确地沿着理想轨迹旋转飞行，并且在空中能够稳定滑翔。

2.持枪

在助跑过程中，一个好的持枪技术非常有利于助跑的发挥。常见的持枪的方式主要有肩上持枪、腰间持枪和综合持枪三种。

（1）肩上持枪　即把标枪举在肩上，弯曲的投掷臂和手腕控制标枪，标枪的尖部略低于尾部，整个标枪高于头部，这种持枪方式，手腕比较放松，也便于引枪。肩上持枪还可以把标枪放在右肩上耳际部位，枪身和地面保持平行，大小臂弯曲较大，这种方式容易控制标枪的稳定性，但投掷臂比较紧张。

（2）腰间持枪　即握枪后将标枪置于腰侧，助跑时枪尖在后，枪尾在前，持枪助跑仍像平跑时那样前后摆臂，进入投掷步时再引枪，将枪尖对准投掷方向。这种方式引枪时，需翻手腕将枪尖对准前方，因此难度较大。优点是助跑时肩、臂动作自然放松，便于发挥速度。

（3）综合持枪　即持枪助跑前半段采用腰间持枪，后半段变换成肩上持枪，到投掷步时再引枪。这样做既可以在前半程发挥速度，后半程又便于引枪，也便于控制好标枪。因此，许多运动员都喜欢采用这种综合方式持枪助跑。

（二）助跑

掷标枪的助跑一共分为两个阶段：一是预跑阶段，二是投掷步阶段。具体介绍如下。

1.预跑阶段

掷标枪的助跑一般为25～35米。从第一标志线到第二标志线15～20米距离作为预跑阶段，通常跑8～14步。

预跑阶段时，投掷臂持枪，上体稍前倾，用前脚掌着地，高抬大腿，蹬伸动作有力，动作轻快而富有弹性，并且助跑的节奏性要强，持枪臂和另一臂要与两腿动作协调配合，两眼平视，头部自然抬起。

预跑阶段的助跑应是逐渐加速的，助跑的步长要稳定，助跑阶段应该能控制，以便于完成投掷步和最后用力。研究发现，掷标枪助跑时的速度相当于运动员最高跑速的60%～85%，即为适宜助跑速度。这也需要根据个人技术的熟练程度而定。对于初学者来说，预跑阶段的助跑速度更要控制，随着技术熟练程度的提高，可逐步提高助跑的速度。

2.投掷步阶段

投掷步是从第二标志线到投掷弧这一段距离内的助跑，实际上是从预跑加速过渡到最后用力直至标枪出手这一系列的动作阶段。投掷步的任务是通过特殊的助跑技术，使下肢动作加快，在快速向前运动中完成引枪，并且通过投掷步形成身体超越器械，为最后用力和出手创造良好条件。

投掷步的形式大致可以分两种：即跳跃式投掷步和跑步式投掷步。投掷步通常跑4～6步，由于男女步幅的大小不同，因此，投掷步的大小也有一定的差异。通常情况下，男子步幅9～15米，女子步幅8～13米。

（1）跳跃式投掷步　这种投掷步有些像弹跳步，腾空时间较长，两腿蹬伸的力量大，有利于引枪动作和超越器械的完成，动作也比较轻快自如。但这种跳跃式的投掷步，要防止跳得过高，造成重心起伏过大，影响动作的直线性和连贯性。

（2）跑步式的投掷步　这种投掷步与平常跑步相似，特别是向前速度较快，身体向前平直，但不利于形成身体的超越器械。当前，许多优秀运动员多采用"混合式"的投掷步，即前两步采用跑步形式，使其尽量发挥速度，到第三步（也就是交叉步）采用跳跃形式，最大限度地形成超越器械。

第一步：是左脚踏上第二标志线，右脚向前迈步的同时右肩后撤，左肩对着前进方向，此时开始引枪。由于右肩后撤，持枪的手臂沿着身体靠近胸部向后引枪，但右臂不完全伸直。枪尖大约和左肩的位置齐平。此时眼向前看，左臂自然摆至胸前。

第二步：是从左脚离地开始向前迈步，这时随着左脚向前迈步，髋开始向右转动，逐渐朝着前进方向。右肩则继续后撤，右臂继续后伸，完成了引枪动作。伸直的右臂大约接近肩的高度，标枪接近右臂的小臂，控制好标枪角度，枪尖的高度接近右侧眉弓。保持标枪的纵轴和投掷方向相一致。

第三步：投掷步是个交叉步。这一步的任务就是要通过特殊的交叉步，使躯干落后于下肢，形成超越器械的身体姿势。第三步是以左脚有力的蹬伸，右腿积极大幅度地前摆迈步，使下肢超过躯干和上肢，加大躯干的向后倾斜，髋轴超过肩轴，从而实现超越器械的动作。

随着左腿蹬伸，右腿向前摆动时身体应侧对投掷方向，但头仍然向前方平视，这样才能形成前轴与肩轴的扭紧，成交叉步。右脚以脚外侧着地，并且落地时脚掌与投掷方向约成45°，重心大部分已落在弯屈的右腿上。第三步交叉、转髋动作的幅度，视运动员自身的情况而定。

第四步：就是最后用力的一步，这是一个难度较大的技术环节。最后用力的过程是：当第三步（交叉步）的右脚落地后，躯干已形成一定的后倾，身体重心落在右腿上，右腿被迫弯屈，左腿则顺助跑向前的惯性积极地向前迈步，左大腿不要高抬，左脚比较低而平地移向投掷方向偏左方着地，与右脚的落地点相距20～30厘米，左脚尖和投掷方向约成20°，落地后形成一个稳固的左侧支撑，成为最后用力的预备姿势。

投掷步阶段应尽量保持预跑段获得的速度，跑的节奏各步也有所不同，通常第一、二步比较快，第三步稍慢，第四步最快。

（三）最后用力

在掷标枪的最后几步中，其技巧的掌握非常关键，它直接影响着比赛的成绩。因此，一定要重视最后用力的技术动作，更要准确掌握。

投掷步的第三步右脚落地后，髋部顺向前惯性继续运动，身体继续向前运动，在身体重心越过了右脚支撑点上方时（左脚还未着地），右腿积极蹬地。左脚着地时，左腿做出有力的制动动作，可加快上体向前的运动速度。右腿的继续蹬地，推动右髋加速向投掷方向运动，使髋轴超过肩轴，并带动肩轴向投掷方向转动。在肩轴向投掷方向转动的同时，投掷臂快速向上翻转，使上体转为面对投掷方向，形成"满弓"姿势。此时投掷臂处于身后，与肩同高，与躯干几乎成直角，标枪处在肩上后方，掌心向上，枪尖向前。

形成"满弓"后，胸部继续向前，将投掷臂最大限度地留在身后，右肩部的肌肉最大限度地伸展。由于向前的惯性作用，左腿被迫屈膝，但随即做迅速有力的充分蹬伸，同时以胸部和右肩带动投掷臂向前做爆发性"鞭打"动作，并使用力的方向通过标枪纵轴。

在最后用力时，合理的用力顺序是取得最大出手速度的关键。从右脚落地后的及时发力至右臂的快速鞭打和标枪出手，人体各环节形成一个完整的运动链，人体参与用力各环节肌肉群自下而上按照严格的顺序依次用力，使人体各环节依次加速和减速，实现了动量的传递，并获得最大的出手速度。

在最后用力阶段，为了取得更好的效果，需要注意：第一，由于标枪的出手速度是助跑速度和投枪速度的合速度，为了提高助跑速度的利用率，在现代掷标枪技术中，越来越重视助跑与最后用力的衔接动作；第二，为了做好衔接动作，运动员在交叉步时身体不应腾空过高，在右脚着地后，应该及时发力，左脚应主动快落，并做好制动和支撑用力动作。

（四）维持身体平衡

标枪出手后，保持身体平衡是全过程的结束动作。为了防止身体越过投掷弧而造成犯规，标枪出手后，右腿应及时向前跨出一大步，以保持平衡。为了保证最后用力时运动员可以大胆向前做动作而又不犯规，最后一步左脚落地点至投掷弧的距离应是 1.5～2 米。

（五）标枪飞行

标枪出手后沿纵轴旋转向前飞进。标枪自转，由于在空中飞行的稳定性，在有些情况下还可延缓落地时间的作用。标枪自转可达 20～25 周/秒，标枪飞行时间为 3.5～4.5 秒。

二、标枪运动技术训练的要点

（一）专门投

投掷各种不同重量的器械如双手投3千克实心球、单手投

1千克铁球，对网投1.5千克铁球，后抛4千克铅球，投700克、500克标枪等，这类练习应与标枪动作结构基本相同，不但发展标枪运动员所必需的专项身体素质，而且能改进专项技术。

（二）双手头上投重器械

以实心球为主，重量一般为2～5千克，双手持球正面对墙，重心在右腿上，左腿积极支撑，以正面投、单腿跪投等。练习时节奏要紧凑，髋部动作要及时，挺胸，手臂尽量伸展，肘部自然弯曲，手臂沿正确路线和方向鞭打。目的是发展躯干和肩带肌群的力量，改进胸带臂、肩带手的鞭打技术。

（三）单手投掷重器械、轻器械

轻重器械要交叉进行，先重器械，后轻器械，重器械1～3千克，轻器械125～800克，一般采用原地投、上步投、上三步投。目的改进和掌握最后用力的技术和动作准确性，提高最后用力爆发力和快速用力节奏。

（四）助跑投棒球或手榴弹

中程距离，助跑速度快，强调大幅度，身体连贯加速，鞭打出手速度尽量达到极限。目的是发展专项速度。

以上专门投练习一般应安排在专门力量练习和大力量练习后进行，每次训练课200～300次，每周3次为宜，这样就可使各种力量过渡到专项上来。

各种重量器械的专门投掷练习的全过程至关重要，如果运

用得好，往往会产生事半功倍的效果。专项力量训练和大力量
（绝对力量）训练的比例为各占50%，其中专项投能力训练所
占的比例大于50%。

大力量训练采用抓举、半蹲、颈后推、举重快挺、背拉及
大腿前后肌群的练习。

专项力量训练采用鞍马单（双）手拉、鞍马腹肌（臀部垫
高）、坐姿单（双）手振臂、壶铃半蹲跳、杠铃肩绕环、负重
侧蹬起、肋木举腿等。

第二节　铁饼运动技术与训练要点

一、铁饼运动基本技术

掷铁饼的技术动作主要包含握法、预备姿势与预摆、旋
转、最后用力和维持身体平衡四个部分，具体如下。

（一）握法

握铁饼时首先五指应自然分开，然后将拇指和手掌自然地
握住铁饼，其余四指自然分开，用四指的末节扣住铁饼边沿。
手臂微屈把握着铁饼不要滑落，握好铁饼后投掷臂在体侧放松
下垂。在握铁饼时，为了不影响掷铁饼的效果，需要注意，握
铁饼不能太紧也不可太松，以便于用力拨饼为宜。

（二）预备姿势和预摆

1.预备姿势

背对投掷方向，两脚左右开立同肩宽，两脚站在投掷圈后沿，左脚尖稍离开圈一点便于旋转，持铁饼的手臂放松下垂于体侧。

2.预摆

掷铁饼的预摆动作是为旋转做准备的，也是为了使肌肉活动获得一个最佳状态。预摆的形式主要有两种，即左向上右向后的预摆和体前左右摆。不管选用哪种预摆方式，最后总有一个"制动"动作，这个制动点就是进入旋转动作的开始点。

（1）左向上右向后的预摆　预备姿势做好后，先由持饼臂起动在体侧前后自然摆动，此时身体重心也随着摆臂左右移动。当铁饼摆到体后时，重心靠近右腿，然后右腿蹬地向左移重心，投掷臂持饼向左上方摆动，右臂稍弯曲，铁饼大约摆到前额左方，为了防止铁饼滑落，左手去托饼，重心完全移到左腿，上体也随之向左转动。随后投掷臂放松向右后方摆动，重心又从左腿移至右腿，上体又自左向有后方转动，右腿稍有弯曲，左臂自然屈于胸前。在整个预摆过程中，头随上体转动，两眼平视。当向后摆到最高点时（约与右肩同高）即是制动点。由于这种预摆方式简单易行，因此比较适用于初学者。

（2）体前左右预摆　站好预备姿势以后，先在体侧自然摆动几次，当铁饼摆到身体后面时，重心向右腿靠拢，躯干向左扭转并带动投掷臂持铁饼经体前向左摆动。当持饼手摆到体前

时，手掌翻转向上，右肩前倾，体重向左腿靠拢。然后持饼臂经体前向后回摆，持饼手掌翻掌向下，体重移向右腿。在往复摆臂时，上体应向左右随之扭转，尤其在向右回摆铁饼时，上体充分扭转，形成扭紧状态。这种预摆方式的主要特点是：幅度大、动作放松，但必须很好地握住铁饼，防止滑落。因此，这种预摆方式经常被优秀运动员所采用。

（三）旋转

旋转和助跑的作用基本相同，都是为了在铁饼最后用力出手之前使器械得到一个初速度，并为最后用力和出手创造有利的身体姿势。根据有关资料统计，原地掷铁饼与旋转掷铁饼的距离相差8～12米。

旋转动作是从两摆结束的瞬间开始的，首先是以左脚支撑为旋转的轴心，借助右腿的蹬地力量，向投掷方向转动左膝和左肩，身体重心略有下降，重心从右侧转移到左腿方向，左腿的动作是边屈膝边旋转，带动身体也向左转动，身体要稍前倾并稍收腹。

当左肩转动，移到左腿支撑点垂直线上时，左腿再屈膝向投掷方向移动，同时左肩带动整个身体向左转动，形成了以左半身为轴的旋转姿态。这时右腿的大腿带动小腿，右腿弯曲成弧线绕过支撑的左腿进行旋转（右腿稍内扣），右腿好像贴着地面向投掷方向跨步，整个身体形成了以左侧身体为轴的大扇面旋转。当身体重心通过左腿时，左脚蹬地，身体向投掷圈的圆心移动。旋转过程中，投掷臂和右肩放松，被滞留在旋转身体的后面，右侧身体的肌肉也被拉长，形成了身体超越器械。

掷铁饼的旋转动作，实际上是左腿蹬转和右腿右髋内扣旋转的结合。在旋转过程中的短暂腾空，要保证髋和腿的动作先于臂的动作，以便形成髋轴超越肩轴的动作。旋转动作结束时，首先是右腿以前脚掌着地，落在圆心附近，形成一个非常短暂的、以右脚为轴的单腿支撑。这时整个身体并不停顿，仍然以右脚为轴继续旋转，紧接着就是左脚以脚内侧的着地支撑，并且开始最后用力出手的技术过程。

（四）最后用力和维持身体平衡

最后用力是掷铁饼的关键技术，最后用力的效果如何，在很大程度上取决于四个方面的因素：一是做功距离；二是用力速度；三是作用于铁饼的力量；四是出手角度。

旋转结束后，要为最后用力准备一个正确的身体姿势，这取决于旋转动作右脚落地之后仍需不停顿地转动，当左脚一旦着地做好左脚支撑，紧接着就和最后用力相衔接。

右脚一边转动一边向投掷方向蹬伸，带动着持铁饼的投掷臂进行大弧度运动。左腿则承担着支撑作用，使右侧绕着左侧轴转动，形成了一个以胸带动臂向前鞭打的甩臂动作。此时左腿向上蹬伸，左肩制动，形成有力的左侧支撑，在这样上下肢、左右侧协调动作配合下，使全身的各部位用力都集中在铁饼上，加大出手的速度、力量及做功距离，并且能使身体处在较高位置，为最后出手创造一个较好的角度。

需要注意的是：首先，铁饼离手的瞬间，应由右手的小指到食指依次拨饼，使铁饼能沿着顺时针方向在空中转动飞行；其次，出手后为了避免犯规或跌倒，应及时地换腿支撑，降低身体重心，顺势再向左转体，维持身体平衡。

二、铁饼运动技术训练要点

掌握合理的技术是取得高水平运动成绩的关键因素，技术训练是整体训练的有机部分与重要内容，为此必须重视各个训练阶段的技术训练，并应有计划地提高技术训练水平。

（一）技术训练的主要内容

1.基础训练阶段与初级专项训练阶段

（1）确立学习技术的方针，并建立掷铁饼动作的正确概念。

（2）学习和掌握旋转掷铁饼各动作阶段的基本技术。

（3）学习和掌握旋转掷铁饼各动作阶段之间的联系。

（4）确定个人技术的训练方向，初步掌握正确的投掷节奏。

2.专项提高训练阶段

（1）巩固、提高旋转投掷铁饼的技术。

（2）改进旋转掷铁饼的技术细节，使技术得到进一步完善，并稳定在一个新水平上。

（3）培养与建立铁饼运动员高度的专项感觉（用力感、时间感、空间感与节奏感）。

（二）技术训练的手段

（1）观摩教练员、优秀运动员的技术示范表演等。

（2）观摩优秀运动员的技术录像等。

（3）培养控制铁饼器械感觉的各种练习，如预摆、抛饼、滚饼、拔饼等练习。

（4）提高前庭器官稳定性及动作平衡能力的各种旋转、转体等专门练习。

（5）徒手的各种技术模仿练习。

（6）负重与不负重相结合的各种模仿练习。

（7）持器械（短木棍、橡皮管、杠铃片、带套的铁饼、铁饼等）的各种模仿练习。

（8）投掷各种不同器械（短铁棍、小铁球、实心球等）的练习。

（9）原地投掷各种不同重量铁饼的练习。

（10）旋转投掷各种不同重量铁饼的练习（少年以轻饼或标准比赛用饼为主）。

（11）原地或旋转投掷重物的练习（铅球、杠铃片、铁棍等）。初期阶段不宜采用或少用，注意动作正确性。

（12）正面旋转侧面旋转掷铁饼的练习。

（13）圈外掷铁饼的练习。

（14）标准投掷圈内，掷铁饼的练习。

（15）对网投掷各种不同器械的练习。

（16）在不同气候条件下，如雨中、顺风、逆风情况下，掷铁饼的练习。

（三）专门投掷能力的训练

为了使运动员的身体训练水平、机能训练水平同技术训练水平密切联系在一起，成为一个协调的训练系统，还必须采用些介于力量、速度、投掷技术之间的诱导性专门练习，即专门投掷的练习，以发展投掷能力。常用的练习手段如下。

（1）各种重器械或重物（如超重铁饼、杠铃片、铁球、壶铃等）的投掷练习，目的是发展专项力量。

（2）各种轻器械（如轻铁饼、小杠铃片、小实心球等）的投掷练习，目的是提高专项动作速度。

发展专门投掷能力，使用各种不同重量的器械，应根据年龄、性别、训练程度及各训练阶段的任务有所区别。应注意以下几点。

（1）13～14岁的少年，可以适当地采用轻铁饼的投掷练习。不应过早或过多地采用投重物的练习，这个阶段的主要任务是掌握投掷铁饼的基本技术。

（2）15～17岁的青少年，可以采用专门投的练习，但仍应较多地使用比赛用的标准铁饼，或与其重量接近的各种器械，不应使用过重的器械，以防技术动作受到破坏。

（3）18岁以后，可以投掷超重铁饼和各种重物，但必须在投掷技术掌握得较巩固的基础上进行，否则对提高成绩不利，还会导致运动员受伤。

第三节 铅球运动技术与训练要点

一、铅球运动基本技术

铅球运动是速度力量型项目。目前在竞技体育比赛中，推铅球技术主要有两种，即背向滑步推铅球和背向旋转推铅球。

（一）背向滑步推铅球技术

背向滑步推铅球技术主要包括：握球与持球、预备动作、团身、滑步、最后用力以及结束动作（以下内容以右手为例）。

1.握球与持球

（1）握球 五指自然分开，把铅球放在食指、中指和无名指的指根处，大拇指和小指自然扶在铅球的两侧，起稳固铅球的作用。五个手指基本上处在铅球的半圆，手腕自然背屈。手指和手掌力量比较弱的运动员可以把中间三个手指或五个手指适当并拢起来，这样可使力量集中些，只要最后用力动作正确，在最后用力过程中不会出现掉球或降肘抛球现象。

（2）持球 握好球后把铅球放在右侧锁骨外端，贴住颈右侧，掌心向内，掌心所指方向与身体平行，右臂屈肘，从正面看右臂与躯干的夹角约呈直角，也可以使右肘略低些，夹角也小些。从侧面看，右肘与身体处在同一平面，不宜过前或过后。

2.预备动作

右脚背对投掷方向站立，身体重心在右脚全脚掌上，右腿直立。左脚在右脚后方20～30厘米处，以脚尖点地，左腿微屈，帮助维持身体平衡。身体站立姿势端正，肩横轴和髋横轴与地面平行，与投掷方向垂直。颈部正直，头不要侧屈或扭转，眼睛看前下方几米处，左臂向身体前上方或正前方自然伸出。有人将预备动作概括为"横平竖直"，即肩横轴、髋横轴要平，脊柱（身体）要直。

3.团身

预备动作完成之后做团身动作，它是滑步前的准备动作。保证身体正确姿势，维持好身体平衡，是做好团身动作的必要条件。

首先，上体前俯，左臂随上体前俯逐步下垂，并且左腿向后上方摆起，摆到左腿大致与身体形成一条直线的合适高度，然后顺势屈右膝、收左腿、身体重心平稳下降形成团身姿势；团身动作完成后，右脚背对投掷方向；身体重心在右脚前脚掌上（右脚跟提起或不提起）；根据个人腿部力量右膝弯屈到适当角度（约100°）；右膝前缘超过右脚尖；左腿在右腿之后，左膝靠近右小腿；左脚尖离地或轻轻触地；从身体侧面看，肩横轴和髋横轴的连线与地面平行（或构成一角度）；背部肌肉保持适当拉长和放松；左臂自然下垂或向投掷反方向伸出；右臂动作不变，眼看前下方。

另外，还有一种不经预摆直接进入滑步动作形式的简化动作，人们称之为直滑式技术。具体的动作方法为：预备动作背向投掷方向直立，双脚左右间有一定距离，脚尖前后对齐或稍有前后之分；上体前俯；屈双膝下降身体重心；上体大致与地面平行；左臂下垂，左手几乎可以触到地面（注意手不要触地面）；身体重心落在前脚掌上。团身动作由单腿支撑改成双腿支撑，减轻了身体局部的负担，动作简单且易于完成。在一些比赛中，有许多优秀运动员就是采用了这种动作，获得了非常优异的成绩。

4.滑步动作

滑步开始时，运动员身体重心应尽量水平地向投掷方向快速运动，左腿以大腿带动小腿的形式向抵趾板蹦出，左脚尽量沿地面滑动，左脚背朝下，当左脚经过投掷圈直径约3/4距离时有个外翻动作，左脚最后落在抵趾板中间略偏左处，左脚的纵轴与投掷方向呈90°～100°。左腿踢出后，在侧面看整个身体从左脚到左肩呈一条直线。配合左腿的动作，右腿有个蹬伸动作，身体重心由右脚前掌过渡到脚后跟，右脚的动作似一滚动动作，滑步过程中右膝感觉不要伸直（技术录像或图片中有右膝伸直的瞬间图像，实际这是动作过程，如果做动作中有努力伸直过程将会出现身体重心过分向上现象，这是不利的），双腿的夹角要大，髋部动作要伸展，然后右小腿迅速内收，右脚稍内扣，落在圆心附近，右脚纵轴与投掷反方向夹角为20°～45°（或大于这个角度）。

在滑步开始左腿做动作的同时，左臂有个很轻快的向投掷

反方向摆动（或向右侧身体摆动）的动作，这个动作有拉长主要肌群、保持较好超越器械动作的作用。此时，上体基本上保持原来的姿势不变。

滑步结束时（双脚部落地后）身体的姿势是：左脚的纵轴与投掷方向的夹角为90°～100°；脚外侧抵住抵趾板中间略偏左处，左腿基本上处于伸直并紧张的用力状态；右脚内扣20°～45°；右脚跟与左脚尖基本上处在同一条直线上（横向间距至少10厘米）；右膝弯曲到110°～130°；身体重心落在右脚前脚掌上；右脚跟不要落地，保持用力状态；右脚跟与左脚尖大致在投掷方向正中间的直线上；髋横轴与地面平行（不要有一侧高一侧低的现象，右侧髋要"窝"住而不能顶出来）；肩横轴与地面平行，与投掷方向垂直；上体尽量向投掷反方向伸展（指双肩而不是单指左肩）；躯干与地面的夹角尽量小（最好小于60°）；左臂向后下方伸出；右手臂动作不变；面部端正；眼看投掷圈后面的前下方。

在滑步过程中，需要注意的是，身体重心的移动尽量平稳，努力做到沿地面平行运动，尤其对于初学者来说，更应该注意。另外，对于具有一定水平的运动员，开始滑步时可以要求其臀部向抵趾板方向（后下方）运动，这样对于滑步速度的提高和身体重心起伏的减少有非常积极的作用。

5.最后用力动作

滑步结束后右脚脚跟力争不落地，右腿用力时右脚内侧用力形成侧蹬动作，右膝尽量沿水平方向向前运动，右腿侧蹬中伴有转动动作（但不要过分强调转动，这一点铅球与铁饼项目右腿的动作有明显的不同）。当右小腿与地面形成比较小的夹角之后，右腿尽可能用力蹬伸推动身体向前。

滑步结束左脚落地后，左腿始终保持着紧张的蓄力状态（伸直状态），随着身体重心向前运动，左膝有个微微弯屈再伸直的过程，这个过程是左腿在紧张用力状态下的退让动作，由于生理上的牵张反射，最后左腿形成强而有力的支撑后的蹬伸用力动作。

最后用力过程中，需要注意的是，在下肢积极动作和身体重心向前运动中，上体由向后伸展的背面转成侧面，从下至上整个身体形成一个侧弓形，这个动作过程造成了整个身体主要工作肌群拉紧状态。从滑步右脚落地到身体形成侧弓状态这一过程是推铅球技术中最重要的环节之一，我们也称这一过程为最后用力的准备阶段（或叫蓄力阶段）。

除最后用力的动作准确合理之外，其他较为重要的技术环节有：第一，右脚落地后脚跟尽量不要落地，用脚前掌做侧蹬动作；第二，右膝尽量沿水平方向运动，右腿不要向上蹬伸；第三，右下肢动作要快，不要硬发力蹬伸；第四，髋部边向前运动边转动（注意髋部不要原地转动）；第五，上体尤其是上肢处于被动拉紧状态，不能主动用力。

原则上，铅球最后出手时应该达到最高速度。为了保证铅球能够获得更快的出手速度，最后用力前的准备阶段动作就显得尤为重要，不仅身体要处于一种有利的姿势，更重要的是全身肌肉要能够保证在之后的阶段能够发挥最快的收缩速度。"拉弓射箭"，弓拉满箭才能射得远，所谓弓拉满就是肌肉要充

分拉长。肌肉只有在一定放松的条件下才能够充分拉长，所以在最后用力的准备阶段一定不能过度紧张用力，而是要在前面动作的基础上"顺着"用力，减少肌肉的内耗，让肌肉充分拉长。

身体形成侧弓后继续向前运动，髋部位置逐步领先，身体迅速形成正弓形（有的是呈反弓形或满弓形），身体转到正面时铅球即将离开颈部。从最后用力开始到身体成正弓形，左臂的运动路线是经过身体左侧上方止于左肩下侧这样一条弧线。左肩一直向前（伴有轻微转动）运动，直至铅球出手时左肩才停止运动。在这个过程中应避免左肩故意下压和后拉动作的出现。

另外，需要注意的是，由于身体积极向前运动，随后右臂参与工作把铅球推出去。右手最后有个拨球动作，拨球动作属于自然动作而不是故意做作。

最后铅球出手时的正确身体姿势为：左腿充分蹬直；右腿充分蹬伸；挺胸抬头，面对投掷方向；右臂伸直；左臂在身体左侧，左手低于左肩：左侧的踝、膝、髋、腰、肋、胸、肩形成强有力的支撑。铅球的实际出手角度约为37°，通过技术分析可以看出铅球出手点约在左脚上方（或前上方）。

6.结束动作

铅球出手之后，由于身体向前的惯性易造成身体失去平衡，整个身体仍持续向投掷方向跟进。维持好身体平衡，避免出圈而犯规和出现跌倒现象，在最后用力和铅球出手动作时必须注意。通常情况下，应该采用的方法为：及时交换双腿改变运动方向、下降身体重心、左腿积极后退以维持身体平衡，避免犯规，保证已取得的成绩。

（二）背向旋转推铅球技术

背向旋转推铅球技术的使用比较广泛。它与背向滑步推铅球技术有相似之处，但有区别。背向旋转推铅球技术可以大致分为握球与持球、预备动作、旋转、最后用力、结束动作。

1.握球与持球

背向旋转推铅球的握球与持球方法相同于背向滑步推铅球。右手持球放在肩上锁骨窝处，铅球贴紧颈部，由于在旋转中有较大的离心力，故应把铅球握得更稳固些。

2.预备动作

两脚左右开立，稍比肩宽，脚尖靠近投掷圈后沿，体重在两腿上。左臂自然向下，两膝稍屈，上体稍前倾。

3.旋转

开始旋转前，上体前屈并向右转动，左肩和左臂也随之向右转动，膝关节弯曲至适宜程度，右腿支撑体重，右侧肌肉扭紧，做好向左旋转的准备。开始旋转时，首先是上体向身体左侧转动，随之逐渐加大上体前倾及两膝弯曲程度，降低身体重心。此时以左脚前掌为轴转动，体重平稳地从右腿移向左腿，左膝、左腿继续外转（脚跟挺起）。当体重完全移至左腿时，

右脚已蹬离地面，形成了以左脚为支撑点的左侧单腿支撑旋转轴。在转动过程中，上体稍向左倾斜，以保持身体平稳，右腿膝关节弯曲，以左腿为轴摆动。随着身体向投掷方向继续转动。左腿迅速蹬离地面，产生一个低的腾空，此时右腿不失时机地完成扣髋动作并迅速向前跨出，用脚前掌着地，落在投掷圈中心附近。

右脚落地后，膝关节逐渐弯曲并负担体重，左腿屈膝积极向右腿靠拢，以缩小下肢转动半径，加速以右腿为轴的单腿支撑旋转，给右髋迅速超越上体创造条件。此时左髋继续积极沿逆时针方向转动，以加快旋转速度和左脚落地动作。左脚用前脚掌着地，落在中线稍偏左侧处，形成最后用力前双腿支撑的有利姿势：身体重心较低，上体成扭紧状态，左臂微上举并内扣，左肩高于右肩，使参与最后用力的左侧肌群处于充分拉长状态，为最后用力快速推球创造条件。

在旋转过程中，头部和左臂的动作有着重要的作用。开始旋转时，头和上体向身体左侧转动，左臂也随之摆到左侧。当进入以右脚为轴旋转时，由于髋部快速转动，使头、左肩和左臂落在后面，使左侧肌肉扭紧拉长。在右脚支撑旋转中，如果头和左臂向左转动，必然造成重心过早移向左腿的现象，从而不能在最后用力前形成超越器械的有利姿势。

4.最后用力和结束动作

左脚着地后，右腿积极用力蹬转，推动右髋向前上方移动，使上体与铅球进一步留在后面，然后做与背向滑步推铅球的一样动作，完成推球出手动作和维持身体平衡动作。

二、铅球运动技术训练要点

（一）推铅球技术训练步骤

1.手和腿的协调配合

双脚站在线上，躯干稍后倾，双手于胸前握球。左脚向前迈一步，双手和双腿同时用力将球推出。

2.学习最后用力动作

两腿开立，身体重心落在微屈的右腿上，上体向后转并前倾，左臂放松地置于胸前。右腿积极蹬地推髋送转，使重心向左腿移，同时上体逐渐上抬左转，左臂带左肩转向投掷方向立即制动支撑，两腿蹬直，将球推出。

3.学习滑步动作

背向投掷方向，左腿在后伸直站立，上体前倾，左腿向后作预摆动作，左腿回摆快靠近右腿时，臀部向投掷方向移动，同时左腿迅速有力地向抵趾板摆插，接着右腿积极蹬地，至圆心附近着地，在滑行中上体保持前探、低姿、平稳的姿势。

4.学习滑步动作与最后用力动作的衔接

左脚在前，面向投掷方向，躯干挺直，稍向右转，向前跳一步，身体后仰，右腿首先着地，紧接着左腿着地，左脚着地瞬间立刻将球推出。

（二）推铅球最后用力的技术训练

1.最后用力技术的解剖学特征

衡量最后用力是否合理要由用力顺序（蹬腿、转送、支撑、挺胸、推拨）、出手速度、出手高度和出手角度决定。

当右腿发力蹬地后，臀大肌、臀中肌的收缩使骨盆后倾左转，经由股四头肌收缩发力伸膝和小腿三头肌、拇长屈肌收缩使足作用于地面，从而获得较大的支撑反作用力，经过踝、膝、髋、骶髂关节的关节面传至脊柱，至上臂经推拨球的原动肌将球掷出，在整个推球的过程中，髋关节起着承上启下的主导作用。

2.影响最后用力的因素

（1）缩短单支撑时间，这对提高铅球出手速度有着积极影响。

（2）右脚合理的着地方式或着地后积极蹬伸，不仅减少右腿着地的缓冲时间，提高身体重心向前水平速度，更重要的还使右髋加速向前运动，促进左脚积极着地进入双支撑；双支撑阶段是投掷最后用力最有效的阶段。

（3）左脚要积极着地，方能加快左侧支撑用力，为动量传递提供基本保证；还可增大力量递增度，提高器械的加速度。

（4）右脚着地后过多缓冲不仅降低身体重心，而且破坏了投掷过程中整体动作的速度节奏。

3.最后用力技术训练

在训练中要改善右脚着地方式和支撑用力方式，加强滑步与最后用力的衔接训练，如负重滑步接快速支撑，原地投各种实心球，利用斜板或斜坡进行滑步训练；加强下肢专项力量的训练。如加强掌趾关节、踝关节及腿部肌群的退让与超等长力量训练。训练手段有各种快速跳、计时直膝跳、单足台阶跳、跳栏架、拖轮胎跑等，传统的负重半蹲、深蹲等，以提高腿部的绝对力量。在训练中不仅要全面发展身体素质，还要重视和狠抓髋部快速用力带动下肢和躯干向前鞭打，特别注意髋部和腰部的力量训练，髋、腰力量差将导致滑步水平速度和最后用力垂直速度不协调。

　　骨盆的位置决定了骨盆在投掷铅球中的上、下肢桥梁作用和左右转动的枢纽作用。推铅球是通过肩与躯干的扭转，两腿转与蹬的统一，作用在手臂上来实现的，在训练中应抓住下列两种关系。

　　（1）髋轴和肩轴的关系　最后用力是由下而上，由右至左地协调配合。最后用力开始，身体重量大部分落在弯屈的右腿上，当转髋和右腿用力蹬地时获得的支撑反作用力推动右髋进一步前移，导致身体重心前移，这样，既发挥了下肢的力量，又使髋轴更大超越肩轴，使右侧腰背肌被动拉长，有利于最后用力推球。此时髋关节的转动先于肩关节的转动，在最后用力的后阶段，右腿继续蹬转向前上方送髋，身体重心由右腿移向左腿。右胸右髋被展开，肩轴迅速超越髋轴，这样有利于投掷臂爆发用力，使得铅球离手一瞬间获得更大的初速度。

　　（2）左侧支撑与右髋的关系　当滑步结束，左腿快速着地支撑，使身体重心向前的速度制动，这种左侧支撑的反作用力

使左髋形成以左髋为轴的转动，更好的发挥右腿的蹬转动作。如果左腿落地过晚，就会造成左腿支撑无力，导致右腿蹬地消极。在右腿蹬转向投掷方向送髋时，左肩前引，此时身体重心由右腿移到左腿，这样左腿像弹簧一样形成弯屈压缩状态，使右腿蹬地时获得有效的支撑反作用力。最后用力的后阶段左肩制动下压，形成以左腿、左肩为支撑轴的左侧支撑，为右髋充分伸展和右侧充分用力创造良好条件。最后推球一刹那，左腿迅速充分蹬直，有利于提高出手点和加大推掷距离。

第四节　链球运动技术与训练要点

一、链球运动基本技术

链球是一项技术比较复杂的田径运动项目。一般情况下，掷链球的基本技术可以分为持握器械、预备姿势、预摆、旋转和最后用力5个部分。

（一）持握器械

投掷链球时，一般采用扣锁式握柄方法。正确的动作方法是：将链球的把柄放在左手食指、中指和无名指中段指节和小指末节，手指关节弯屈成钩形，钩握把柄。掌骨关节相对伸直，右手指扣握在左手指的指根部，右手的拇指扣握左手食指，左手拇指扣握右手拇指，两拇指交叉相握，成扣锁式握法。

需要注意的是，为取得较大的旋转半径，运动员往往会把柄置于左手指骨末节和指骨中段之间，然后右手同样扣握在左手上。除此之外，规则还规定，掷链球时，左手可戴光滑皮质保护手套，但指尖必须外露。

（二）预备姿势

运动员背对投掷方向站立在投掷圈后沿，两脚开立，距离同肩宽或者略宽于肩，以适合运动员预摆和开始旋转为度。左脚靠近投掷圈中心线，右肩稍远，这样便于有充分余地完成四圈旋转。两膝关节微屈，上体前倾右转，体重移至右腿，链球放在圈内身体的右后方，两臂伸直。另外，为了使动作做得更加轻松，也可以在以上预备姿势的基础上进行一定的改进，比如，有的运动员采用将球提离地面，由体前摆至右后方，然后直接进入预摆的方法。

（三）预摆

预备姿势结束后就会开始进入预摆阶段。运动员拉链球，使链球沿有高低点的特定轨迹绕人体做圆周运动。大部分运动员采用两周预摆。在两周的预摆中，球呈匀加速运动，第二周预摆要比第一周预摆速度快，幅度大。预摆的速度要与身体的平衡相适应，身体平衡靠两腿和髋的移动补偿完成。一般预摆两周时，每周链球运行距离为5～6米，速度12～15米/秒。

两周预摆的技术动作和主要特点是：第一周预摆是从两腿蹬伸、上体直立左转拉伸两臂开始的。链球从身体的右后方沿向前、向左、向上的弧线运动。随链球向前移动，重心逐渐从右腿移向左腿。当链球摆至体前、肩轴与髋轴相平行时，两臂充分伸直。随后链球向左上方运动。当链球摆到左侧高点时屈两肘，两手位于额前上方。当链球通过预摆斜面高点后，两臂逐渐伸直，体重移向右腿，左膝稍屈，肩轴向右自然扭转70°～90°。此时链球由上经身体右侧向下摆至低点，然后紧接着开始第二周预摆。

（四）旋转

掌握好旋转技术是掷链球的关键。身体通过旋转，使器械获得较大的运行速度，积累动量，并造成身体良好的"超越器械"动作，为最后用力创造有利条件。旋转要求人与链球形成一个整体，有稳固的旋转轴和较大的旋转半径，要求在身体良好平衡的情况下，变换支撑形式，协调用力，逐渐加速，节奏明显。应充分利用双支撑时的加速转动，缩短单支撑时间，做好双支撑向单支撑的过渡旋转和单支撑向双支撑的转换，还应力求加长链球绕人体的转动半径，加快旋转的角速度。

在旋转过程中，单支撑和双支撑阶段的链球运行距离不同，每圈旋转时链球运行距离也不同。加长链球旋转时的运行距离和加快链球运行的速度，依靠增加双支撑用力时间并缩短单支撑时间完成。在完整的旋转技术中，各旋转加速的节奏一定要明显。加速节奏体现在缩短单支撑时间和加快双支撑速度上。

在旋转中，链球最高点逐渐升高，运行斜面的角度逐渐加大，以便为最后用力创造适宜角度。合理的旋转技术要求运动员的头部与肩保持相对稳定，头部不能有任何扭转和倾斜，头部位置的改变直接会造成旋转动作的错误。例如，向左转头容易造成肩带的紧张，影响双臂的伸直和导致旋转困难。躯干直立能维持平稳的旋转和对抗球的拉力，有利于旋转加速。两臂伸直，两肩放松，使肩和手臂放松牵拉链球，形成一个稳固的三角形，会使旋转形成一个理想的旋转弧。

旋转中，髋部向前挺出，有利于身体重心的移动和双支撑向单支撑的过渡，双腿弯曲，有利于对抗链球离心力和旋转时蹬地加速。

根据以上对旋转技术原理的分析，可以将旋转技术分为四个阶段，即单支撑阶段、双支撑阶段、双支撑过渡阶段、单支撑转换阶段，具体如下。

1.单支撑阶段

单支撑阶段是从右脚抬起至右脚落地为止。在单支撑阶段，身体重心顺利地移至转动支撑的左腿至关重要。这取决于进入旋转双支撑向单支撑过渡时身体重心左移的时机，过早或过晚都将引起右髋的扭曲，造成偏离旋转轴的错误。单支撑时链球上升至高点前，是保持速度阶段，因为此时人体与链球是同步运动的。人体与链球整体的旋转是由左脚外侧支撑完成的。充分伸展双臂，可形成最大限度的旋转半径。链球接近高点之前开始转体，链球达高点时左脚由脚外侧转向前脚掌，链

球由高点下行时，左膝弯曲下压，右脚快速落地，完成单支撑阶段。与此同时，双臂仍伸直，右腿和右髋超越肩轴，使身体呈扭紧状态，形成良好的下肢超越上肢和超越链球的姿势。

2.双支撑阶段

双支撑阶段是从右脚落地开始至右脚离地。这一阶段是为链球加速的最佳阶段。右脚落地时，髋轴超越肩轴呈20°～40°。在链球运行时，两肩放松，两臂应充分伸展，使链球以最大半径和最长运行距离运转。双支撑阶段应保持两腿的弯曲和躯干的正直，并保持身体的稳定，以利于对抗链球的离心力。

3.双支撑过渡阶段

双支撑向单支撑的过渡转移阶段是在髋轴与肩轴平行，链球处于体前低点时开始的。此时链球运行半径相对缩短，而旋转角速度加快，应借助链球的转动加速，双脚向左侧转动，同时身体重心左移，右脚迅速抬起，进入单脚支撑阶段。过渡阶段由于转动力量的加大和脚速度的加快，双脚既要完成转动又要使身体重心左移，因而技术动作较为复杂，是比较难以掌握的技术环节。

4.单支撑转换阶段

单支撑向双支撑的转换取决于单脚支撑旋转的成功。当链球由高点下行时，保持双臂的伸展和躯干的挺直，左脚掌平稳地支撑并转动，左膝及时准确地弯屈下压，使右脚尽快落地，形成一个充分的超越器械姿势。

（五）最后用力

最后用力是在第三圈（或第四圈）旋转结束、右脚落地开始的。最后一圈右脚落地，下肢动作充分超越上体和链球，髋轴与肩轴达到最大扭转程度，两臂充分伸展，链球处在远离身体的右后上方，双膝弯屈，身体重心偏左。由于最后一圈转动速度较大，链球高速下行。随链球下行，身体重心右移，链球至身体的右前侧，身体重心移至双腿。当链球至身体右前方时，弯屈的双膝开始蹬伸，身体重心左移并升高，链球沿身体右侧弧线上升。此时左腿做强有力的支撑，右脚左转蹬送，右髋左转，躯干挺伸，左肩左转，头自然后仰，链球快速运行上升。当升至左肩高度时，两手挥动将链球顺运行的切线方向和理想的角度掷出。为保持身体的平稳和防止犯规，链球出手后要转体换腿，降低身体重心。

二、链球运动技术训练要点

掷链球是技术比较复杂的旋转投掷项目。因此，在训练中应重点学习旋转的方法，可以说掌握了旋转的方法就掌握了掷链球技术。

（一）使学生初步建立掷链球的完整技术概念

（1）通过观看优秀运动员掷链球比赛的技术影片、录像、技术图片，以及教师的示范，简要讲解掷链球的完整技术。

（2）简要介绍掷链球场地、器材规格和比赛的规则。

注意事项：

（1）对主要技术环节和难点，应侧重讲解，使学生加深理解。

（2）应对运动员进行安全教育，并采取措施，以保证教学安全顺利地进行。

（3）注意培养运动员的学习兴趣和能够学会掷链球技术的信心。

（二）握法和预摆技术

（1）两脚分立同肩宽，前左后右移动髋部。

（2）徒手进行预摆的模仿练习。

（3）手持木棒或带球进行预摆练习。

（4）左右手持球单臂抡摆轻球。

（5）学习握法并持轻球、标准链球进行预摆练习。

（6）双手持球做下蹲站起的预摆练习。

（7）用轻球做边走边抡摆的练习。

（8）用两个或两个以上轻球做预摆练习。

注意事项：

（1）学习预摆技术时，先用徒手练习，然后再持器械，以便掌握和熟练移动髋部的技术。持器械练习时，应注意按由轻到重的顺序进行。

（2）摆动中要保持躯干正直，两腿自然弯曲，双臂放松，要注意髋部和双腿向链球相反方向运动的对抗补偿动作。

（3）原地预摆链球起蹲、行进间预摆和摆两个以上链球加大了预摆的难度，也加快了掌握预摆技术的速度，但应注意安全。

（三）原地掷链球技术

（1）徒手做模仿最后用力的练习。

（2）用实心球、哑铃或木棒做最后用力的练习。

（3）1～2次预摆后原地掷网袋实心球。

（4）1～2次预摆后，原地掷短链球和轻链球。

注意事项：

（1）在徒手或持固定器械练习时，要注意最后用力动作的正确顺序，这些练习既有助于运动员掌握用力顺序，又可提高专门能力。

（2）最后用力的学习任务放在旋转的前面，能使旋转和最后用力形成自然的衔接。

（3）练习时要注意出手的方向、高度、角度和速度，以及上下肢的协调用力。

（四）旋转和旋转掷链球技术

（1）徒手旋转一圈的模仿练习。两脚分开同肩宽或稍宽于肩站立。两腿弯曲，两臂前平举，以左脚跟和右脚掌向左转动，左脚转约90°，右脚转约60°，躯干左转约90°。身体重心随左转由双脚移至左腿，进入单支撑。单支撑时，右腿靠近左腿，左脚外侧支撑转动至左脚掌，然后以左脚掌支撑转体，右脚落地，完成一圈旋转。要求右脚落地后与左脚在一水平

线上。

（2）徒手旋转2圈、3圈、4圈和多圈的练习。

（3）持木棒或网袋球旋转1圈、2圈、3圈、4圈和多圈的练习。

（4）持短链球、轻链球旋转1圈、2圈、3圈、4圈和多圈的练习。

（5）持标准链球旋转练习。

（6）持加重链球旋转练习。

（7）徒手旋转一圈接最后用力的练习。

（8）持木棒或网袋球，预摆1～2次后旋转1圈、2圈、3圈和4圈投掷练习。

（9）持短链球、轻链球、标准链球，预摆1～2次后旋转1圈、2圈、3圈和4圈投掷练习。

注意事项：

（1）在旋转和旋转投掷中，应保持上体正直，双臂伸直，双腿弯曲，髋部挺出，左脚跟与脚掌在旋转中自然交替进行，保持左脚的直线移动。右脚要尽量晚离地，离地时动作要迅速，落地要早，落地的位置要准确。在每圈旋转中都要有明显的超越和加速。

（2）头部要保持自然位置，防止过分转动。注意在旋转中定向，以及对方向方位、器械和空间的良好感觉。

（3）要保持以左脚为支撑点的稳定而垂直的旋转轴，使人与链球融为一体旋转。以移动身体重心来对抗离心力，加大旋转半径，加快链球运行的速度。

（4）旋转与旋转的衔接、旋转与最后用力的衔接要连贯，形成动作的整体性，使旋转有明显的加速节奏。

（五）学习第1圈旋转技术

（1）徒手旋转第1圈练习。站立姿势同前，左脚掌开始左转，随着身体重心左移，右腿以跟进形式靠近左腿进入单支撑，借惯性完成单脚支撑旋转，右脚落地形成超越姿势。

（2）双手持木棒或链球向左前方引摆，人跟随木棒或链球进入第1圈旋转的练习。

注意事项：

（1）第1圈旋转是旋转技术的基础，掌握好了才能顺利地过渡到以后各圈旋转中去，因此，教学重点应放在左脚的转动和右脚落地技术上。

（2）器械平摆，躯干伸直，髋部挺出，人跟随球转，右脚要快起动，快落地。

（六）改进和提高掷链球的完整技术

（1）在圈内或圈外旋转3～4圈投掷链球。

（2）用不同重量和不同长度的链球旋转3～4圈投掷练习。

（3）根据个人特点，确定合理的技术，并改进和完善。

（4）技术评定或测试成绩。

注意事项：

（1）在完整技术的练习中，要严格要求技术动作的准确性，教练员要及时指出并纠正错误动作。

（2）完整的技术练习应尽量在护网和投掷圈内进行，以保证安全。

（3）技术评定要预先通知运动员，并提出评定的内容和要求。